NOTES CRITIQUES

SUR LE TEXTE DE L'ORATOR

ET SUR ISÉE

PAR

LOUIS HAVET

PARIS

LIBRAIRIE ANCIENNE HONORÉ CHAMPION

5, QUAI MALAQUAIS, 5

1927

Cet ouvrage est extrait du fascicule n° 252 de la Bibliothèque de l'École des Hautes Études

BIBLIOTHÈQUE

DE

L'ÉCOLE DES HAUTES ÉTUDES

PUBLIÉE SOUS LES AUSPICES

DU MINISTÈRE DE L'INSTRUCTION PUBLIQUE

SECTION DES SCIENCES HISTORIQUES ET PHILOLOGIQUES

LISTE DES FASCICULES PARUS

De l'origine (1869) à 1926

(Les prix sont majorés de 200 °/₀ jusqu'au fascicule 212).

1. La stratification du langage, par Max Müller, traduit par M. Havet. — La chronologie dans la formation des langues indo-germaniques, par George Curtius, trad. par M. Bergaigne. (Epuisé.) 10 fr.
2. Etudes sur les Pagi de la Gaule, par Auguste Longnon. 1re partie : l'Astenois, le Boulonnais et le Ternois. Avec 2 cartes. (Epuisé.)
3. Notes critiques sur Collnthus, par Edouard Tournier.   6 fr.
4. Nouvel essai sur la formation du pluriel brisé en arabe, par Stanislas Guyard. (Epuisé.)
5. Anciens glossaires romans, corrigés et expliqués, par Frédéric Diez. Trad. par Alf. Bauer. 4 fr. 75
6. Des formes de la conjugaison en égyptien antique, en démotique et en copte, par G. Maspero. (Epuisé.)   20 fr.
7. La vie de saint Alexis. Poème du xi⁰ siècle, et renouvellements des xii⁰, xiii⁰ et xiv⁰ siècles, publiés avec préface, variantes, notes et glossaire, par Gaston Paris et L. Pannier. (Epuisé.)
8. Etudes critiques sur les sources de l'histoire mérovingienne, par Gabriel Monod et par les membres de la Conférence d'histoire. 1re partie. Introduction. Grégoire de Tours, Marius d'Avenches, par Gabriel Monod.   5 fr.
9. Le Bhâminî-Vilâsa. Recueil de sentences du pandit Djagannâtha. Texte sanscrit publié pour la première fois en entier avec une traduction et des notes par Abel Bergaigne.   12 fr.
10. Exercices critiques de la conférence de philologie grecque (1er août 1874-1er août 1875). Recueillis et rédigés par E. Tournier.   10 fr.
11. Etudes sur les Pagi de la Gaule, par Auguste Longnon. 2e partie : Les Pagi du diocèse de Reims. Avec 4 cartes.   7 fr. 50
12. Du genre épistolaire chez les anciens Egyptiens de l'époque pharaonique, par G. Maspero. (Epuisé.)
13. La procédure de la Lex Salica. — Etude sur le droit Frank. — La fidejussio dans le droit Frank. — Les Sacebarons. — La Glosse mathbergique. — Barbarus, etc. — Tacit. Germ. c. 13. Par R. Sohm, traduit et annoté par Marcel Thévenin.   7 fr.
14. Itinéraire des Dix-Mille. Etude topographique, par Félix Robiou. Avec 3 cartes. (Epuisé.)
15. Etude sur Pline le Jeune, par Th. Mommsen, traduit par C. Morel. (Epuisé.)
16. Du C dans les langues romanes, par Charles Joret.   12 fr.
17. Cicéron. Epistolæ ad Familiares. Notice sur un manuscrit du xii⁰ siècle, par Charles Thurot, membre de l'Institut.   3 fr.
18. Etude sur les Comtes et Vicomtes de Limoges antérieurs à l'an 1000, par Robert de Lasteyrie. 5 fr.
19. Traité de la formation des mots composés dans la langue française, par Arsène Darmesteter. Deuxième édition, revue, corrigée et en partie refondue.   12 fr.
20. Quintilien. Institution oratoire, collation d'un manuscrit du x⁰ siècle, par Emile Chatelain et Jules Le Coultre.   4 fr.
21. Hymne à Ammon-Ra des papyrus égyptiens du musée de Boulaq, traduit et commenté par Eugène Grébaut.   23 fr.
22. Pleurs de Philippe, poème en vers politiques de Philippe le Solitaire, publié dans le texte pour la première fois d'après six mss. de la Bibl. nat., par l'abbé Emmanuel Auvray.   3 fr. 75
23. Haurvatât et Ameretât. Essai sur la mythologie de l'Avesta, par James Darmesteter.   4 fr.
24. Précis de la déclinaison latine, par M. François Bücheler, traduit de l'allemand par L. Havet, enrichi d'additions communiquées par l'auteur, avec une préface du traducteur. (Epuisé.)
25. Anîs el 'Ochchâq, traité des termes figurés relatifs à la description de la beauté, par Cheref Eddin Rami, traduit du persan et annoté par Clément Huart.   5 fr. 50
26. Des Tables Eugubines. Texte, traduction et commentaire, avec une grammaire et une introduction historique, par Michel Bréal. Accompagné d'un album in-fol. de 13 pl.   30 fr
27. Questions homériques. I. Fragments de mythologie pélasgique conservés dans l'Iliade. — II. Géographie de l'Asie-Mineure au temps de la guerre de Troie. — III. Institutions et coutumes de la Grèce, aux temps héroïques, comparées à celles des divers peuples aryens, par Félix Robiou. Avec 3 cartes.   6 fr.
28. Matériaux pour servir à l'histoire de la philosophie de l'Inde, par P. Regnaud. 1re partie.   9 fr.
29. Ormazd et Ahriman, leurs origines et leur histoire, par James Darmesteter. (Epuisé. Il reste quelques exemplaires sur papier fort.)   25 fr.
30. Les métaux dans les inscriptions égyptiennes, par C. R. Lepsius, trad. par W. Berend, avec des additions de l'auteur, accompagné de 2 pl. Volume in-4.   12 fr.
31. Histoire de la ville de Saint-Omer et de ses institutions jusqu'au xiv⁰ siècle, par A. Gir
32. Essai sur le règne de Trajan, par C. de la Berge.

NOTES CRITIQUES

SUR LE TEXTE DE L'ORATOR

ET SUR ISÉE

PAR

LOUIS HAVET

PARIS

LIBRAIRIE ANCIENNE HONORÉ CHAMPION

5, QUAI MALAQUAIS, 5

1927

Tous droits réservés

Cet ouvrage est extrait du fascicule n° 252 de la Bibliothèque de l'École des Hautes Études

BIBLIOTHÈQUE

DE L'ÉCOLE

DES HAUTES ÉTUDES

PUBLIÉE SOUS LES AUSPICES

DU MINISTÈRE DE L'INSTRUCTION PUBLIQUE

SCIENCES HISTORIQUES ET PHILOLOGIQUES

DEUX CENT CINQUANTE DEUXIÈME FASCICULE

I

NOTES CRITIQUES SUR L'ORATOR ET SUR ISÉE

PAR

LOUIS HAVET

PARIS

LIBRAIRIE ANCIENNE HONORÉ CHAMPION

5, QUAI MALAQUAIS, 5

1927

TABLE DES MATIÈRES

AVIS AU LECTEUR

Dans le présent fascicule sont réunies des Notes critiques sur l'Orator *et des* Notes critiques sur Isée.

Louis Havet a rédigé les premières lors de la publication, dans la collection G. Budé, de l'Orator de Cicéron par M. H. Bornecque. A l'aide de l'édition Bornecque et de l'édition Heerdegen (Leipzig, 1884, in-8°), et en appliquant une méthode qu'il avait déjà expérimentée sur le de Senectute (Journal des Savants, juill.-août 1902 ; voir Manuel de critique verbale §§ 1499-1503) et sur Festus (Bibl. de l'École des Hautes Études, fasc. 214), Louis Havet a examiné la partie de l'Orator qui nous a été conservée à la fois par les copies de L et par A. Pour de nombreux et longs passages il est arrivé à reconstituer la linéation d'un manuscrit qui serait l'ancêtre commun de L et de A. Ces résultats sont présentés, suivant l'ordre même du texte de Cicéron, dans la première série des Notes critiques sur l'Orator. *Dans la seconde série sont réunies des conjectures diverses, sous-classées d'après la nature des fautes envisagées.*

Les Notes critiques sur Isée *visent le premier discours et les morceaux biographiques relatifs à l'auteur. Elles ont été rédigées à la suite de la publication par M. P. Roussel des Discours d'Isée, également dans la collection G. Budé. Nous avons cru qu'il ne serait pas inutile de les joindre aux* Notes critiques sur l'Orator. *Une des idées chères à Louis Havet était que, dans la critique méthodique des textes anciens, les principes directeurs sont les mêmes, qu'il s'agisse du latin ou qu'il s'agisse du grec. La réunion du travail sur Cicéron et du travail sur Isée nous a semblé de nature à faire apparaître cette unité de méthode.*

Chargés par Louis Havet de la publication de ses œuvres inédites, notre rôle s'est borné ici à la vérification du détail et à la correction des épreuves.

A. FRETÉ et L. NOUGARET,
Élèves de l'École pratique des Hautes Études.

NOTES CRITIQUES
SUR LE
TEXTE DE L'ORATOR

PREMIÈRE SÉRIE

OMISSIONS DE LIGNES
DANS UN MANUSCRIT ANCÊTRE

92. *Cuius oratio cum sedate placideque* liquitur *(A ;* loq- *L),
tum illustrant eam quasi stellae quaedam tralata uerba atque
mutata* (1). Inadmissible a priori est la correction *labitur* de Purgold ; comment *ab* serait-il devenu *iqu*, et cela en donnant un
mot bien peu banal ? Et d'ailleurs la correction n'en est pas une ;
les deux idées que met en symétrie la tournure *tum... cum* ne
peuvent être exprimées l'une par *sedate placideque*, l'autre par
stellae. Ce *stellae* fait voir qu'il avait été question de transpa-
rence, c'est-à-dire que le texte a contenu jadis une forme de *li-
qui-dus*. Supposons donc la perte d'une ligne, et restituons par
exemple (en gardant de la conjecture de Purgold ce qu'elle a
d'utilisable) : *sedate placideque liqui* < *do flumine et perlucido la-
bi* > *tur.*

94. *Haec frequentat Phalereus* maximeque *dulcissima et quam-
quam* (quam A, non noté dans l'apparat Bornecque) *tralatio est*

---

(1) *Immutata* L, variante (transposée dans l'apparat Bornecque) qui est amétrique et que la suite condamne ; elle semble avoir été suggérée par des *immut* -
de 93 et 94.

apud eum multa, tamen immutationes nusquam crebriores. Ceci
est la bonne leçon (non notée dans l'apparat Bornecque). L a un
mauvais raccord, *maxime,* < *sunt* > *que.* Leçon suspecte a priori;
puisque elle impliquerait dans A l'omission gratuite de *sunt ;*
leçon peu satisfaisante en soi, car, vu l'enchaînement des idées,
l'appréciation esthétique des figures de Démétrius ne doit pas
faire ici l'objet d'une proposition directe. Le *que* qui suit *maxime* .
a de grandes chances d'être un relatif (= *quae*) et non une conjonction ; ce relatif *quae* fournit en même temps un sujet logique
à l'attribut *dulcissima,* alors qu'avec le *sunt* de L le sujet manque. Avant *dulcissima* ou plutôt après (car il n'est pas probable
que deux propositions de suite finissent par deux superlatifs
maxime et *dulcissima*), il a dû tomber une ligne. A titre d'exemple, on peut proposer *quae dulcissima* < *in eius orationibus iure
dicas* > (26 lettres, voir p. 8).

95. *In* idem *genus orationis — loquor enim de illa modica ac
temperata — uerborum cadunt lumina omnia, multa etiam sententiarum ; latae eruditaeque disputationes* at eodem (ab eodem *L*)
explicabuntur et loci communes sine contentione dicentur (L a *ex
plicantur* et *dicuntur,* au présent). *At* et *ab,* voilà une alternance
peu banale ! Il saute aux yeux que *at* est la *lectio difficilior* et *ab*
(devant un ablatif) un arrangement de valeur rigoureusement nulle,
dû à un lecteur qui d'ailleurs savait le latin et, comprenant
que *ab eodem* ne peut être dit que d'un personnage, a écarté à
la fin les deux futurs pour que le personnage pût être Démétrius
de Phalère. On me dispensera de réfuter le solécisme moderne,
aussi inélégant qu'antigrammatical, qui fait de *ab eodem* une
personnification du *idem genus* du début. Partant de la *lectio difficilior,* et remarquant que le passage comporte la possibilité
d'une énumération « à tiroirs » et par conséquent la présence
d'un *atque,* je suppose l'omission d'une ligne et j'imagine, à
titre d'exemple, un raccord comme le suivant : *latae eruditaeque
disputationes at* < *que descriptiones tenore* > *eodem explicabuntur.*

95. (lacune, v. ci-dessus) *eodem explicabuntur, et loci communes
sine contentione dicentur. Quid multa ? e philosophorum scholis
tales fere euaden* (lacune) *et nisi coram erit comparatus ille fortior,
per se hic quem dico probabitur.* Après *euaden,* A réserve une
place pour la finale manquante, probablement *tes ;* L arrange le
mot mutilé en *euadunt,* leçon sans valeur qui cadre avec les faux
présents de L, *explicantur* et *dicuntur,* et qui est aussi un faux
présent indigne d'attention. Par un heureux hasard, les deux
lacunes sont très voisines, ce qui nous fournit le moyen de cher-

cher quelle était la longueur des lignes dans le ms. ancêtre à
lignes sautées. Ce qui sépare les deux lacunes pouvait former
trois lignes :

eodem explicabuntur et loci communes si-	(34 *l.*)
ne contentione dicentur quid multa e phi-	(34 *l.*)
losophorum scholis tales fere euaden	(32 *l.*)

ou deux lignes :

eodem explicabuntur et loci communes sine contentione di-	(49 *l.*)
centur quid multa e philosophorum scholis tales fere euaden	(51 *l.*)

ou quatre lignes :

eodem explicabuntur et loci	(24 *l.*)
communes sine contentione di-	(25 *l.*)
centur quid multa e philosopho-	(26 *l.*)
rum scholis tales fere euaden	(25 *l.*)

Si la dernière répartition des lignes est la vraie, il est possible
(à titre d'exemple bien entendu) de combler la seconde lacune
par un raccord de 26 lettres : *e philosophorum scholis tales fere
euaden < tes uidebis, nec eos indisertos >*.

Entre la lacune qui suit *dulcissima* et celle qui suit *at* il y a
une portion de texte de 196 lettres, soit $25 \times 8 - 4$; je suppose
dans l'archétype *late* comme dans OP, et non *latae*, et *erudite*
comme dans P, au lieu de *-tae* ; il est peu probable, en effet, que
la suppression des *a* vienne des humanistes de Florence (M. Bornecque passe sous silence ces *orthographica*, qui ont si longtemps
paru indifférents à la critique, et que Lucien Mueller par
exemple, affectait de ne jamais mentionner). L'archétype devait
avoir ici soit quatre lignes de 49 lettres en moyenne, soit plutôt
peut-être huit lignes. On peut en restituer approximativement
la linéation d'une façon plausible :

et quamquam tralatio est apud	(25 *l.*)
cum multa tamen immutationes	(25 *l.*)
nusquam crebriores (95) in idem	(23 *l.*)
genus orationis loquor enim	(24 *l.*)
de illa modica ac temperata	(23 *l.*)
uerborum cadunt lumina omnia	(25 *l.*)
multa etiam sententiarum late	(26 *l.*)
eruditeque disputationes at	(25 *l.*)

L'hypothèse des lignes d'environ 25 lettres semble être con-
firmée par quelques indices. Dans 98 A omet un groupe de 26
lettres

nec quicquam altius cogitaret

Il faut manifestement corriger, avec Heerdegen, *cogitauit.* L'o-
mission primitive a dû être de deux lignes, car si avant les 26 lettres on enlève un groupe de 25 lettres

ut callide arguteque diceret

on trouve avant les deux groupes les mots *acuto elabor-auit,* avec
la finale de la leçon restituée *cogit-auit.* Il semble donc qu'il y ait
eu saut vertical de *-auit* à *-auit* à deux lignes de distance ; une
seule des deux lignes a été rétablie dans A, toutes deux l'ont été
dans L ; dans la ligne propre à L, la faute *cogita-ret* est due à la
suggestion de l'autre ligne restituée, qui finissait par *dice-ret.*
Dans l'unique ligne rétablie par le copiste de A on constate une
faute *acute* pour *argute ;* la suggestion vient de *acuto,* c'est-à-
dire de l'avant-dernier des mots qui précédaient les deux lignes
omises. En somme, toutes les leçons de ce passage s'expli-
quent par un détail de linéation.

99. Linéation possible

si nihil est

aliud uix satis sanus uideri   (24 *l.*)

solet qui enim nihil potest   (23 *l.*)

tranquille...

Un saut vertical de *est* à *-est* expliquerait l'ordre *aliud est*
dans A, le rétablisseur des lignes omises ayant écrit *aliud*
au-dessus de *est,* dans l'interligne, et continué dans la marge
de droite.

102. *ius omne retinendae maiestatis* Rabiri causa continebatur ; ergo *in omni genere amplificationis exarsimus.* Le *in* < *ea* >
de Heerdegen suppose une omission gratuite, ce qui est améthodique, et il laisse subsister la bizarre construction de *continebatur* avec l'ablatif nu ; cette mauvaise correction avait d'ailleurs
été manifestement suggérée par la non moins inadmissible correction de A, qui change *in omni* en *in eo.* Supposons l'omission
d'une ligne de 27 lettres *Rabiri ... ergo,* avec rétablissement en
marge commençant dans l'interligne, au-dessus de *in. Rabiri*
débordant *in* à gauche, toute la restitution aura été indûment

insérée avant *in* au lieu de l'être après ; une simple interversion donnera un texte raisonnable *in Rabiri causa continebatur ; ergo omni genere...* — A présente ici une faute assez surprenante, *continebitur* au lieu de *-batur*. On voit que l'erreur a été commise sur une surcharge, ce qui la rend moins paradoxale (Manuel § 1352).

103. *quae exempla selegissem, nisi uel not* $<$ *a e* $>$ *a* (p. 39) *esse*

> (*L*) arbitrarer uel posse eligere   (25 *l.*)
> (*A*) accusarentur uel possent legere (*en marge*, opes)

qui quaererent. Étrangement corrompu dans A est ce 'qui, dans L, se trouve avoir la longueur normale d'une ligne. Comme les « longs insérendes », et en général les surcharges, donnent lieu à beaucoup plus de fautes de tout genre que les portions de texte écrites par le copiste (Manuel §§ 1484ᴀ ss., § 1352), il y a grande probabilité qu'il s'agit ici d'une ligne omise. Le *uel possent* de A fait suite à son bizarre *uel ... accusarentur; nt* donc ne compte pas. *Legere* ou *eligere* représente *seligere* (Reis) et reprend *selegissem*; on aperçoit tout de suite que *posse eligere* et *opes possent legere* représentent un ᴘᴏssᴇsᴇʟɪɢᴇʀᴇ dédoublé en ᴘᴏssᴇʟɪɢᴇʀᴇ; si *posse* est devenu *pos*, le *opes* marginal représente un *pes* corrigé en *pos*, *p°es ;* quant à *posse*, c'est probablement une correction conjecturale inscrite en interligne dans l'archétype *(p°es ᵖᵒˢˢᵉ ligere)*. Il faut rejeter la correction de *opes* en *ipsos* (Beier) ; elle irait bien pour le sens, mais elle est améthodique. — Dans la ligne sautée, le nombre des lettres était 26 ou 24, suivant qu'à ce moment elle portait ᴘᴏssᴇsᴇʟɪɢᴇʀᴇ ᴏᴜ ᴘᴏssᴇʟɪɢᴇʀᴇ.

> 105   ille magnus nam et successit   (24 *l.*)
>   *ille* magnis et...

Le second *ille* est fautif. Parmi les dérivés de L, P l'a simplement supprimé ; une correction conjecturale de quelque Florentin du xvᵉ siècle, très probablement vraie, a été inscrite en marge par le copiste de F et le correcteur de P, et elle a été substituée à *ille* par le copiste même de O, différences qui peuvent avoir quelque intérêt pour l'histoire détaillée des copies. Cette correction est *ipse*. Dans l'archétype, *ipse magnis* devait se trouver juste au dessous de *ille magnus ;* de sorte que la faute *ille* s'explique par suggestion verticale.

105. *Nos* (1) *magnum fecissemus, si quidem potuissemus quo con-
tendimus peruenire*

In ea urbe in qua ut ait Antonius	(26 *l.*)
auditus eloquens nemo erat	(23 *l.*)

106. *Atqui si Antonio Crassus eloquens uisus non est aut sibi
ipse...* La phrase *nos... peruenire* offre *un sens complet*, et il est
étrange qu'elle reprenne par la rallonge inattendue *in ea... nemo
erat.* Je ne puis m'empêcher de soupçonner que deux lignes ont
été sautées entre *si quidem* et *potuissemus*, puis rétablies en place
induc. L'origine du fourvoiement se comprendrait sans peine ;
la surcharge marginale et la phrase initiale du § 106 portaient
toutes deux sur une même parole de l'orateur Antoine, et le copiste a cru devoir les rapprocher l'une de l'autre.

107. Cicéron cite textuellement un passage à effet, trop à effet
comme il va le reconnaître lui-même, de son discours de jeunesse
pour Roscius d'Amérie. Est-ce lui-même qui a muni sa citation
d'une glose *de supplicio parricidarum* qui n'existe que dans L ?
je n'en puis rien croire. Autant la glose est utile pour un lecteur
de la Renaissance carolingienne, à qui le morceau du *pro Roscio*
devait paraître un rébus indéchiffrable, autant elle était superflue
pour les lecteurs antiques de l'*Orator*, qui tous connaissaient le
supplice en question, et dont aucun ne pouvait avoir oublié un
développement si voyant, si tapageur même, jadis accueilli au
forum par des exclamations admiratives. Un peu plus loin l'écrivain cite une courte ligne du *pro Cluentio*, et là il ne dit rien qui
aide le lecteur à s'orienter dans le fouillis de ses souvenirs. Il faut
donc reléguer dans l'apparat les trois mots *de supplicio parricidarum*, bien qu'il forment 23 lettres et qu'on puisse les prendre
pour une des lignes omises par le copiste de A.

En cet endroit L remplace *aliquanto* par *quanto*, variante que
M. Bornecque a négligé de noter, mais qui est loin d'être sans
intérêt pour la méthode. Une mutilation comme celle de *aliquanto* en *quanto* (ou de *laudare* en *dare*, de *tumultum* en *multum*, de
curatio en *ratio*) n'est concevable que dans deux cas ; il faut ou
bien que les lettres manquantes représentent une *amorce*, oubliée

***

(1) *Nos* <*minus*> A ; un lecteur a voulu que Cicéron affectât plus de modestie.
Je pense que M. Bornecque a eu toute raison de supposer dans A une addition,
non dans L une omission gratuite. Dans Heerdegen le faux *minus* est devenu
<*non*> *minus*, tant on se figure qu'il est légitime de supposer des omissions à
tort et à travers.

dans le rétablissement qui suit un saut du même au même, hypothèse ici inapplicable, ou bien que, dans le modèle, le mot ait été d'avance coupé en deux par la linéation. L dérive donc — j'ose dire que c'est une quasi certitude — d'un ms. présentant une ligne qui finissait par le groupe *ali-*. Et il est à présumer que la ligne en question avait été sautée, l'omission de *ali-* ayant ainsi eu lieu à l'occasion d'une surcharge, comme tant de centaines de fautes de tout genre. Restaurons donc la linéation probable du modèle :

<blockquote>

quantis illa clamoribus adu-   (24 *l.*)

lescentuli diximus *gl.* quae nequa-   (26 *l.*)

quam satis defcruisse post ali-   (26 *l.*)

quanto sentire coepimus...

</blockquote>

Immédiatement, pour qui a la pratique invétérée de la critique méthodique, se révèle le principe de la faute ; c'est le retour des lettres *quant* à trois lignes de distance. Trois lignes avaient été sautées, et *ali-* a été oublié soit par le correcteur, soit par le nouveau copiste.

Dans la linéation restaurée, on pourrait imaginer, si l'on ne tenait compte que de L, que l'intrusion de la glose eût déjà eu lieu. La seconde des lignes d'archétype ci-dessus serait remplacée par deux lignes, *lescentuli diximus de suppli-* (25 lettres) *cio parricidarum quae nequa-* (24 lettres). Mais l'omission de *de supplicio parricidarum* dans A serait en ce cas inexplicable. De là il suit que *de supplicio parricidarum* manquait dans l'archétype (ou bien n'y figurait encore que comme glose suscrite). A travers un enchaînement serré de déductions, la mutilation de *aliquanto* aboutit à confirmer l'inauthenticité de trois mots de l'*Orator*.

107. «... *ut ne ad saxa quidem mortui conquiescant* » *et quae sequuntur ;* sunt enim omnia sic, *adulescentis non tam re et maturitate quam spe et exspectatione laudati. Ab hac indole iam* (1) *illa matura* « *uxor generi, nouerca fili, filiae paelex* ». Après *sic* L insère un détestable raccord *ut*, qui a été pris pour un mot de Cicéron gratuitement sauté par A. Au lieu de nous mettre à la remorque des anciens masqueurs de symptômes cherchons à voir la maladie en face. Alors il nous sautera aux yeux que le texte est mutilé, car l'*indoles* dont il va être question n'est pas définie. Il

____

(1) Il semble que L ait *indole iam* A *iam* ; *indole iam*, M. Bornecque écrit *etiam indole iam*, ce qui impliquerait une faute miraculeuse.

manque après *sic* une ligne, qualifiant ce qui caractérise et l'extrait du *pro Roscio* et celui du *pro Cluentio*. Par exemple, *ad uerborum sonitum composita* (26 lettres).

Un peu plus loin se présente un autre passage inintelligible, qu'on a en vain essayé de rendre supportable par la correction enfantine de *at* en *ut* ou en *et*. Là aussi l'hypothèse d'une lacune s'impose, si l'on prétend que le texte ait eu un sens. Par rapport à la lacune précédente, l'intervalle n'est que de cinq ou six lignes d'impression ; on peut donc essayer de restituer la linéation de l'archétype. C'est là, comme je m'en suis assuré jadis en faisant la critique du *Cato maior*, une opération beaucoup moins arbitraire qu'on ne se l'imaginerait volontiers ; les lignes se découpent comme d'elles-mêmes, et il est rare qu'on hésite sur la place d'une syllabe. Ici, toutefois, il se présente une complication. Le texte, entre *illa* et *iuuenilis* 108, présente une glose intruse *pro Roscio*, signalée comme telle par Bake. La glose était-elle déjà intruse dans l'archétype ? en ce cas, le texte qui sépare les lacunes ne se laisse pas découper en lignes entières, à moins qu'on ne triche en admettant des lignes de 27 lettres ; cela prouve que l'archétype avait encore la glose en surcharge, interlinéaire ou marginale. Retranche-t-on la glose, ce même texte se répartit sans effort en dix lignes juste. Il y a là, pour l'athétèse de Bake, une confirmation inattendue :

adulescentis non tam re et matu-	(26 *l.*)
ritate quam spe et exspectatio-	(26 *l.*)
ne laudati ab hac indole iam	(23 *l.*)
illa matura uxor generi nouer-	(25 *l.*)
ca fili filiae paelex (108) nec uero	(25 *l.*)
hic erat unus ardor in nobis ut	(25 *l.*)
hoc modo omnia diceremus ipsa	(25 *l.*)
enim illa *gl.* iuuenilis redundan-	(25 *l.*)
tia multa habet attenuata quae-	(26 *l.*)
dam etiam paulo hilariora at	(24 *l.*)
<*omnia amplificationis genera*>	
pro Habito pro Cornelio complu-	
resque aliae.	

La ligne restituée ici à titre d'exemple a 26 lettres, mais ce n'est, forcément, qu'un exemple ; on lit au § 102 *in omni genere amplificationis* (1) *exarsimus*.

(1) A a ici *mallific-*, avec ᴍᴀ pour ᴀᴍ (Manuel § 613), ce qui indique un archétype en capitale. La mélecture moins banale ʟ pour ᴘ se retrouve (105) dans L : *lam-mene* pour *Pammene*.

La cinquième des lignes ci-dessus n'a peut-être que 24 lettres.
A en effet remplace *fili filiae* par *fili<o> filia*, ce qui semble indiquer dans l'archétype un FILI^ᴇ (Manuel § 1353ᴀ). — Si dans la
troisième ligne on voulait insérer après *hac* le *etiam* de M. Bornecque (*iam* de A), la répartition du fragment total en dix lignes
juste ne resterait possible que si, dans la cinquième, il était per-
mis de lire *filie pelex*.

110. *Demosthenes quidem,—cuius nuper inter imagines tuas ac
tuorum, quod eum credo amares, cum ad te in Tusculanum uenis-
sem,* imaginem aere *uidi,* — *nil*(1) *Lysiae subtilitate cedit...* Devant
aere L ajoute *ex*, ce qui est tout naturel, tandis qu'une omission
de *ex* par A serait un phénomène surprenant. Il est aisé de voir,
d'ailleurs, que l'addition de *ex* est un simple palliatif d'une faute
grave. Qu'importe ici qu'un Démosthène ait été de bronze ou de
marbre ? qu'importe que Brutus ait eu un Démosthène ? car il devait y en avoir un chez tout grand seigneur s'exerçant à l'éloquence ; qu'importe enfin toute la parenthèse de *cuius nuper* à
aere uidi ? C'est, dira-t-on, que Brutus avait classé Démosthène
dans sa *prosapia*, à titre de père spirituel. Sans doute, mais pour
l'écrivain ce détail curieux n'est pas l'essentiel, car c'est en tête
de la parenthèse qu'il l'a logé, et ce qui suit est d'une rare plati-
tude ; si M. Bornecque, dans sa traduction, s'était astreint à res-
pecter l'ordre, il aurait infailliblement aperçu la faute. La raison
d'être de ce petit hors-d'œuvre *cuius nuper... aere uidi*, c'est de
flatter une vanité. Brutus, lors du *tour du propriétaire*, avait dû
se montrer fier de posséder un si beau Démosthène. Il faut donc,
entre *imaginem* et *aere*, insérer une ligne comme *pulcherrimam et
quasi uiuam ex* (26 lettres). Avec un tel supplément, *ex aere* devient
utile pour définir la nature de l'objet d'art, et l'éloge qui est fait
de celui-ci, surtout s'il appelle l'attention sur la physionomie oratoire de la statue, achemine à ce qui suit la parenthèse, *nil
Lysiae cedit...*

113. Après le groupe *-tiam*, A omet 44 lettres terminées par le
même groupe ; il y a là, selon toute apparence, un saut vertical du
même au même, et les mots omis devaient former deux lignes (à
la vérité un peu courtes). Si on restitue la linéation du contexte
immédiatement antérieur, on trouve deux lignes terminées toutes
deux par un même mot de huit lettres, *uideamur :*

---

(1) *Nil* A, et bien des indices montrent Cicéron ami de l'orthographe phoné-
tique. M. Bornecque n'aurait pas dû imprimer *nihil*.

......existimatores [1] *uideamur*
loqui non magistri[2] in quo tamen   (26 *l.*)
longius   *saepe*   progredimur   (23 *l.*)
quod uidemus non te haec[3] solum   (25 *l.*)
esse lecturum qui ea multo quam   (26 *l.*)
nos qui *quasi* docere *uideamur*[4]   (25 *l.*)
habeas notiora sed hunc librum   (26 *l.*)
etiam si minus nostra commen-   (24 *l.*)
datione tuo tamen nomine diuul-   (26 *l.*)
gari necesse est (113) esse igitur   (24 *l.*)
perfecte[5] eloquentis puto non   (25 *l.*)
eam *tantum*[6] facultatem habere   (25 *l.*)
quae sit eius   propria   fuse   (22 *l.*)
lateque   dicendi   sed   *etiam*[7]   (22 *l.*)
uicinam   eius   ac   finitimam   (22 *l.*)
dialecticorum   *scientiam*   (22 *l.*)

Supposons maintenant qu'un saut vertical ait eu lieu de *uide-amur* à *uideamur* (lignes 1 et 6), puis ait été réparé dans l'archétype. Celui-ci s'est trouvé porter en marge un long insérende de cinq lignes ; et les longs insérendes sont un terrain favorable pour les fautes de toute nature (Manuel §§ 1484A et suivants). Effectivement, ce fragment de texte présente deux fautes de type rare. A la ligne 3, *saepe* manque dans L, par une omission qu'on peut appeler *gratuite* si l'on veut, mais qui a été conditionnée par les caractères propres aux surcharges. Au lieu de *qui quasi* (ligne 6), A a *qui ea*[8] par confusion avec un *qui ea* qui précède (ligne 5). — Après le premier *uideamur*, le morceau ci-dessus se divise en trois fragments. Le dernier, celui que A omet, ne contient que 44 lettres ; c'est vraiment peu, et j'aurais attendu plutôt une linéation autre :

(1) *Existimatione* A.
(2) *Magisterio* A.
(3) *Hoc* A.
(4) *Videmur* A.
(5) *Persequi* A.
(6) *Solum* L (sens ambigu). *Tamen* A, *lectio difficilior* pour laquelle M. Bornecque a judicieusement opté ; *tamen* est un faux déchiffrement de l'abréviation par *tm. Non... solum* a été suggéré au copiste de L par le *sed etiam* qui suit.
(7) *Eam* A.
(8) Par un accident bizarre, cette disparition de *quasi* au § 112 est donnée dans l'apparat Bornecque comme se rapportant au § 114.

uicinam eius et finitimam dia-   (25 *l.*)
lecticorum scientiam assume-   (25 *l.*)
re...

J'éprouvais donc quelque hésitation à faire de ce court tronçon un groupe exact de lignes. Mais comment n'être pas frappé des concordances arithmétiques ? Le premier des trois fragments ayant en tout 125 lettres, soit cinq lignes de 25 lettres en moyenne, le second fragment, qui n'est défini que par le contact de sa fin avec un commencement supposé de ligne, contient en tout 202 lettres, c'est-à-dire, à deux unités près, un autre multiple de 25.

117. *quando autem id faciat aut* (*ut* A) *quo modo, nihil ad hoc tempus* ; L donne une interversion *aut quo modo id facias* (petites inexactitudes dans l'apparat Bornecque). On pourrait songer à un saut de *autem* à *aut,* d'où, par un procès compliqué, un fourvoiement assez obscur. Il est plus probable qu'il a été sauté de *quan-do* à *mo-do* (1 ligne de 23 lettres), *-do* terminant les deux lignes consécutives ; le mot *nihil,* qui suivait la ligne sautée, n'aurait guère pu ni y trouver place ni se laisser partager en *ni-hil.* La corruption de *faciat* en *facias,* dans L, suffit à indiquer que ce ms. portait le mot dans une surcharge.

118. Sur les lieux communs philosophiques : *quae saepe cadunt in causas* et *ieiunius aguntur. Et* relie singulièrement une proposition de sens restreint *saepe cadunt* et une proposition d'une généralité absolue *ieiunius aguntur* ; il est clair que Cicéron n'a pas écrit une phrase si gauche. L en atténuait le vice en remplaçant *et* par *sed.* Kubner a proposé une correction dénuée de tout bon sens, mais il avait raison d'être offusqué par le texte traditionnel. Si l'on y réfléchit, on verra que la difficulté tient à une mutilation de la seconde proposition, à laquelle il manque un terme restrictif faisant pendant à *saepe.* Il est donc naturel de supposer la chute d'une ligne ; disons, à titre d'exemple, *et* <*ab adulescentibus plerumque*> *ieiunius aguntur* (addition de 25 lettres). J'ai songé à *ab adulescentibus* parce que, pour les gens d'âge, l'expérience remplace en quelque mesure les études, et aussi parce que, dans cette partie de l'ouvrage, l'auteur énumère les enseignements dont le futur orateur parfait doit avoir soin de se munir.

Étant reconnu que *ieiunius* commençait avec une ligne, et des variantes notables figurant dans la suite proche, il est indiqué de restituer une certaine portion de la linéation :

ieiunius aguntur nihil inquam	(26 *l.*)
sine ea scientia quam dixi gra-	(25 *l.*)
uiter ample copiose dici et ex-	(25 *l.*)
plicari potest (119) de materia lo-	(24 *l.*)
quor orationis etiam nunc non	(25 *l.*)
de ipso genere dicendi *uolo*	(23 *l.*)
enim prius habeat orator rem	(24 *l.*)
de qua dicat dignam auribus eru-	(26 *l.*)
ditis quam cogitet quibus uer-	(25 *l.*)
bis quidque dicat *aut quo modo*	(25 *l.*)

Au commencement de la sixième ligne, L a l'ordre amétrique
genere de ipso. A la fin de la dixième, A omet *aut quo modo*. Voilà
des fautes bizarres, qui (j'ose le dire, fort d'une longue expérience personnelle) sentent le *long insérende*. Mais continuons à
répartir les lignes :

quem etiam quo grandior sit et	(25 *l.*)
quodam modo excelsior $<$.........$>$	(19 +)
de Pericle dixi supra ne physi-	(25 *l.*)
corum quidem esse ignarum *uolo*	(26 *l.*)

Ici nous constatons une troisième faute, la lacune que le sens
rend évidente entre *excelsior* et *de Pericle*. En même temps nous
découvrons la nature de la faute primitive, un saut vertical de
huit lignes allant de *uolo* à *uolo*, ainsi que les limites du long insérende qui s'était révélé par ses conséquences indirectes. — Comment combler la petite lacune de sept lettres au plus qui suit *excelsior* ? Le sens a suggéré au copiste de A un raccord assez con-
venable *ut*, un peu suspect parce que ce petit mot à valeurs mul-
tiples manque de clarté, et nettement insuffisant en ce qui touche
le comptage des lettres. Mieux vaut proposer *sicuti*, qui fournit
une ligne de 25 lettres (*sicut*, sans *i*, permettrait un petit remanie-
ment des deux lignes finales). Pour *Pericle*, A a *perixe*, mélecture peu banale, donc indice supplémentaire de la présence d'une
surcharge. Les menues fautes sont révélatrices pour le critique
soucieux de méthode, comme pour le juge d'instruction les em-
preintes digitales.

122. *cum tam* pauca sint *genera causarum, etiam argumentorum
praecepta* pauca sunt ; *traditi sunt e quibus ea ducantur duplices
loci.* A a ici quatre fautes : le *sint* qui suit le premier *pauca* est
devenu *sunt*, le *sunt* qui suit le second *pauca* manque, *traditi* devient *tradita*, *ea* manque (cette quatrième faute figure seule dans

l'apparat Bornecque). La leçon globale de A est un arrangement
volontaire qui fournit une apparence de sens (peu nombreux, dans
la tradition, sont les *praecepta* d'où on peut tirer des *loci*) ; il n'y
a donc pas ici d'omissions gratuites. La faute primitive est certainement un saut vertical de deux lignes, de *pauca sint* à *pauca
sunt* ; d'un point au point homologue, l'intervalle est de 49 lettres.

123. *nam nec semper nec apud omnis nec contra omnis* nec pro
omnibus nec omnibus *eodem modo dicendum arbitror.* La ligne de
23 lettres imprimée ici en romain manque dans A ; M. Bornecque
a dans son texte *nec < cum > omnibus,* où *cum* n'est pas mis en
italique comme il le devrait d'après la règle des éditions Budé ; ce
cum a dû être emprunté inconsciemment à une édition antérieure.
C'est une conjecture à écarter par la question préalable, puis-
qu'elle impliquerait une omission gratuite. Elle est d'ailleurs
mauvaise pour le sens ; M. Bornecque suppose que *cum omnibus*
pourrait signifier « avec tous les avocats chargés avec vous d'une
même cause », mais Cicéron n'a pas l'habitude de proposer à ses
lecteurs de pareilles devinettes. La collaboration de plusieurs
avocats, au surplus, exige une répartition des rôles, mais on ne
voit guère en quoi elle devrait influer sur la forme et le ton de
l'éloquence. La seule hypothèse qui soit méthodique, c'est qu'a-
près la ligne conservée par L seul il est tombé une autre ligne ;
nec omnibus < temporibus aut occasionibus > par exemple (25
lettres). Si la ligne omise par A l'a été, c'est qu'elle commençait
par *nec* comme la ligne précédente (*nec apud omnis nec contra
omnis,* 26 lettres). Et si après elle une autre était tombée déjà
dans l'archétype, c'est très probablement que, comme l'autre, elle
finissait par un ablatif en accord avec le *omnibus* final, qui on
effet annonce un substantif à l'ablatif pluriel. Le hasard a réuni
ici deux fautes semblables et indépendantes. — En ce qui touche
le sens, il semble a priori que Cicéron doive examiner deux idées
différentes. D'une part il faut varier les plaidoiries, par rapport
les unes aux autres, suivant les jùges, suivant l'adversaire, suivant le client, suivant les circonstances ; c'est là ce qui est dit
dans les quatre groupes de mots contenant une forme de *omnis.*
D'autre part — et c'est ce qu'expriment imparfaitement les mots
nec semper, chaque plaidoirie prise isolément doit être variée par
rapport à elle-même. *Nec semper* est trop court, *nec semper* est
insuffisamment clair. Cette considération nous amène à supposer
une troisième faute d'omission de ligne, massée avec les deux
autres dans la même région du texte ; entre *nec semper* et la
ligne *nec apud omnis nec contra omnis,* on restituera une ligne

telle que *ab exordio ad perorationem* (23 lettres) ou *a primis uerbis usque ad ultima* (26 lettres) ; ici il semble difficile que l'omission vienne d'un saut du même au même. — L'idée que semble annoncer *nec semper...* est amplement développée dans le § 124 ; il ne faudrait pas, sous ce prétexte, essayer de l'éliminer du § 123 par une autre interprétation des mots *nec semper ;* les deux paragraphes se trouveraient alors en désaccord par un glissement invraisemblable de l'idée directrice. *Semper,* d'ailleurs, ne vise que le fait, tandis que les tournures comme *apud omnis* visent implicitement le motif. Ce ne sont donc pas là des termes de même ordre, qui puissent valablement être liés par la simple répétition des *nec* symétriques.

Un peu plus loin, dans 124, vient un passage altéré dont M. Bornecque n'a pas facilité la critique en y introduisant un *est* apocryphe qu'il n'a pas imprimé en italique. La distance est assez faible pour qu'on puisse restituer la linéation intermédiaire. J'y rectifie la ponctuation pour n'avoir pas à me débattre contre des obscurités illusoires :

eodem modo dicendum arbitror.	(25 *l.*)
Is erit ergo eloquens qui ad id	(25 *l.*)
quodcumque decebit poterit ac-	(26 *l.*)
commodare orationem ; quod cum	(25 *l.*)
statuerit, tum ut quidque erit	(25 *l.*)
dicendum ita dicet, nec satura	(25 *l.*)
ieiune nec grandia minute[1] ; nec	(25 *l.*)
item contra, sed[2] erit rebus ip-	(24 *L*)
sis par et aequalis oratio ; prin-	(26 *l.*)
cipia uerecunda, nondum elatis	(26 *l.*)
incensa uerbis sed acuta sen-	(24 *l.*)
tentiis uel ad offensionem ad-	(25 *L*)
uersarii uel ad commendatio-	(24 *L*)
nem sui ; narrationes credibi-	(24 *l.*)
les, nec historico sed prope co-	(25 *l.*)
tidiano sermone explicatae di-	(26 *l.*)
lucide. Dein si tenues causae[3]	(24 *l.*)

tum etiam argumentandi tenue filum et in docendo et in refellendo ; idque ita tenebitur ut quanta ad rem tanta ad orationem fiat accessio. Cum uero ea causa inciderit in qua uis eloquentiae possit expromi...

(1) Voir p. 38, note 2.
(2) Voir p. 38, note 2.
(3) *Tenuis causa* Bornecque, d'après Jahn, plus le malencontreux *est.*

La première ligne est ici la fin d'un développement. Ensuite viennent trois morceaux, ici séparés par des points, et dont voici l'analyse : 1° dans toute plaidoirie, le début doit être d'un ton discret, avec des traits qui portent et une exposition ·familière des faits ; 2° dans les plaidoiries ordinaires (*tenues causae* au pluriel, dont Jahn a eu l'idée invraisemblable de faire un singulier), ce début discret sera suivi d'une argumentation contenue encore, mais nuancée ; 3° dans une plaidoirie assez exceptionnelle pour permettre toutes les audaces, le ·début discret sera suivi des éclats de la grande éloquence. — Dans le morceau sur le début toujours discret, on remarque à la fin un détail grammatical curieux ; le seul verbe *erit* sert à trois sujets distincts *(oratio, principia* et *narrationes),* dont chacun semblerait assez important pour avoir pu mériter un verbe spécial. Cette structure lâchée cesse avec le morceau, et le morceau suivant ramène l'emploi normal des verbes, comme en fait foi *tenebitur*. De là résulte qu'entre la dernière des lignes reconstituées ci-dessus et ce qui suit il doit manquer deux verbes, l'un subordonné et dépendant de *si tenues causae*, l'autre direct et ayant pour sujet *tenue filum*. A cette place donc nous avons, une fois de plus, à supposer une omission de ligne. — Que manque-t-il au juste ? Au point de vue logique, il suffirait d'un raccord de deux mots qui seraient les deux verbes exigés ; *dein si tenues causae < erunt, adhibebitur > etiam argumentandi tenue filum*. Ici il est fait abstraction du *tum* quelque peu suspect qui dans L précède *etiam*, mais qui dans A manque : peut-être en peut-on deviner l'origine. Des deux verbes manquants, le verbe direct devait nécessairement être un passif comme *tenebitur* ; ne serait-ce pas une syllabe *tur* que L aurait arrangée en *tum* et que A aurait éliminée comme inintelligible ? Si on part de cette hypothèse et qu'on tienne compte de la longueur normale des lignes de l'archétype, on sera amené, en définitive, à proposer une restitution telle que *dein si tenues causae < per se uidentur esse, adhibebi > tur etiam...;* la restitution comprendrait ici 25 lettres, mais elle n'a, bien entendu, que la valeur d'un exemple.

Continuons à lire, et nous allons nous trouver bien embarrassés. Nous tombons soudain sur l'*ornatus eius*, ce qui, vu le contexte, ne pourrait signifier que l'*ornatus* de l'orateur. L'invraisemblable *eius* est après *omnis* dans L, avant *omnis* dans A ; cette différence a du moins ceci de bon qu'elle encourage à voir dans le mot flottant une glose intruse ; mais l'autre mot *omnis*, qui s'appliquerait à *ornatus*, que peut-il bien signifier ? *Omnis ornatus*

est-il « l'ensemble de l'*ornatus* », comme *omnis Gallia* est
l'ensemble de la Gaule ? et *duplex*, dit de l'*omnis ornatus*,
signifie-t-il qu'il est bipartite, comme la Gaule est tripartite dans
César ? Plus on regarde la phrase, même débarrassée de *eius*, et
moins on arrive à lui trouver un sens : *sed. erit duplex omnis
ornatus ille admirabilis...* Que fait ici *sed*, qui semble relier cette
accumulation de nominatifs au développement précédent ? Il
s'agissait tout à l'heure d'une différence entre les *causae tenues*
et les autres ; rien ici ne les rappelle, comme tout à l'heure rien
ne menait à l'idée de l'*ornatus*, et il n'est pas de conjonction (car
ce n'est pas *sed* en particulier qui est obscur) qui puisse valablement recevoir ici un rôle. — Pour nous guider dans ce lieu
d'*inextricabilis error*, reprenons notre fil d'Ariane, la linéation :

-tur etiam argumentandi tenue	(25 *l.*)
filum et in docendo et in refel-	(25 *l.*)
lendo idque ita tenebitur ut	(24 *l.*)
quanta ad rem tauta ad oratio-	(24 *l.*)
nem fiat accessio (125) cum uero cau-	(25 *l.*)
sa ea inciderit in qua uis elo-	(24 *l.*)
quentiae possit expromi tum	(24 *l.*)
se latius fundet orator tum re-	(25 *l.*)
get et flectet animos et sic af-	(25 *l.*)
ficiet ut uolet id est ut causae	(26 *l.*)
natura et ratio temporis pos-	(24 *l.*)
tulabit sed erit duplex omnis *eius*	(25 *l.*)
<*aut grauis aut leuis orationis*>	(26 *l.*)
ornatus ille admirabilis...	

On le voit, toutes les difficultés tenaient à la chute d'une ligne.
Omnis n'est plus un nominatif et ne porte plus sur *ornatus*. Cet
omnis réunit ce qui tout à l'heure était séparé (les deux sortes de
plaidoiries, les *tenues* et les autres), et ce contraste donne un
plein sens à *sed*. Enfin il est aisé de trouver un raccord qui
comporte un sens satisfaisant, qui remplisse juste la ligne et qui
par surcroît explique l'omission par un saut du même au même.

126. Une incise de onze mots présente trois omissions ; l'archétype omet *sunt*, L omet *eo*, A omet *esse* (ce que ne dit pas l'apparat Bornecque). L'omission de *sunt* s'explique par un saut de *un*
à *un*, *communes sunt* étant devenu *communt* et ce *communt* (devant *appellati*) ayant été facilement arrangé en *communes*. On ne
voit pas la raison d'être des deux autres omissions ; il est donc
probable, a priori, que les trois fautes voisines ont été commi-

ses sur une surcharge étendue comprenant plus d'une ligne. Effectivement, toujours a priori, il y a chance qu'un saut vertical ait eu lieu de *esse debet* à *esse debebunt,* ces deux groupes s'étant trouvés placés au commencement de deux lignes ; l'étendue du saut serait de 127 lettres, un multiple de 25 augmenté de deux unités. La linéation se rétablit sans difficulté :

esse debet tamen in communibus	(26 *l.*)
locis maxime excellet qui com-	(25 *l.*)
munes *sunt* appellati *eo* quod ui-	(26 *l.*)
dentur multarum idem *esse* cau-	(25 *l.*)
sarum sed proprii singularum	(25 *l.*)
esse debebunt...	

Ce n'est pas tout. Ce fragment de linéation se laisse, avec la même facilité, relier à celui qui précède, pourvu qu'après les 22 lettres de sa première ligne le copiste n'ait pas ajouté la première syllabe de *prop-ter* :

ornatus ille admirabilis	(22 *l.*)
propter quem ascendit in tan-	(24 *l.*)
tum honorem eloquentia nam cum	(26 *l.*)
omnis pars orationis esse de-	(24 *l.*)
bet laudabilis sic ut uerbum	(24 *l.*)
nullum . nisi aut graue aut ele-	(24 *l.*)
gans excidat tum sunt maxime	(24 *l.*)
luminosae et quasi actuosae	(24 *l.*)
partes duae quarum alteram in	(25 *l.*)
uniuersi generis quaestione[m]	(26 *l.*)
pono quam ut supra dixi Graeci	(25 *l.*)
appellant θεσιν alteram in au-	(25 *l.*)
gendis amplificandisque re-	(24 *l.*)
bus quae ab isdem αυξησις est	(24 *l.*)
nominata quae etsi aequaliter	(26 *l.*)
toto corpore orationis fusa	(24 *l.*)
esse debet...	

L'incise *sic ut uerbum nullum nisi aut graue aut elegans excidat* fait double emploi avec une incise de 134, *sic... ut uerbum ex ore nullum nisi aut elegans et graue exeat.* Elle en diffère trop par le détail pour qu'on l'attribue à un autre que Cicéron lui-même, mais elle y ressemble trop pour que la redite à si petite distance ne choque pas. C'est, je suppose, un morceau parfaitement authentique, mais que l'auteur avait condamné pour le mieux placer un peu plus loin, et qu'un secrétaire aura oublié

d'annuler ; cf. Manuel §§ 1098-1099. — La linéation ne fournit
ici aucune lumière. Si on enlevait l'incise en question, les tron-
çons de ligne *bet laudabilis* et *tum sunt maxime* formeraient
ensemble une ligne de 26 lettres.

128. *quorum alterum* [*est* add. L], *quod Graeci* ηθικον *uocant, ad*
naturas et ad mores et ad omnem uitae consuetudinem accommoda-
tum. Le pluriel *naturas* n'a de sens que si, à l'origine, il était
suivi d'un génitif possessif pluriel ; la disparition de ce génitif
l'a fait arranger dans A en *naturam,* lectio facilior qui n'aurait
jamais dû tenter un éditeur. Avec le génitif possessif a disparu
le verbe ; ce verbe ne pouvait être un simple *est,* comme celui que
L a inséré après *alterum* pour pallier la faute ; le verbe à restituer
devait exprimer les effets oratoires de l'ηθικόν, comme sont expri-
més ensuite ceux du παθητικόν *(quo perturbantur animi et conci-*
tantur(1)...). C'est immédiatement après *naturas* qu'il faut situer
la lacune ; si on la plaçait après *mores,* pluriel qui n'a pas le
sens distributif de *naturas,* le style serait vicieux. On lira donc
quelque chose comme *naturas* <*singulorum hominum delectat*>,
avec supplément d'une ligne de 25 lettres. Et malgré la grande
distance, il n'est pas malaisé de continuer, depuis le saut du
même au même supposé dans 126, la reconstitution des lignes de
l'archétype :

esse debebunt ac uero illa pars	(26 *l.*)
orationis quae est de genere	(24 *l.*)
uniuerso totas causas saepe	(24 *l.*)
continet quicquid est enim il-	(25 *l.*)
lud in quo quasi certamen est	(24 *l.*)
controuersiae quod Graece ²	(23 *l.*)
κοινομενον dicitur id ita	(10 + 12 *l.*)
dici placet ut traducatur ad	(24 *l.*)
perpetuam quaestionem atque	(25 *l.*)
ut de uniuerso genere dicatur	(25 *l.*)
nisi cum de uero ambigetur quod	(26 *l.*)

(1) Ces mots *quo perturbantur animi et concitantur,* par contraste avec le verbe
inconnu qui s'appliquait à l' ηθικόν, font pour le παθητικόν une sorte de définition. On n'en pourrait dire autant de ce qui suit dans A : *in quo uno regnat*
oratio. La définition est donc terminée, et il faut, avec L, lire *id quo* (l'archétype
avait-il *it quo* ?). L'archétype pouvait avoir en surcharge la conjecture *in,* car
cette variante a été connue du correcteur d'une des copies de L. — Un peu plus
bas A a *inquo causae* pour *quo causae,* ce qui semble indiquer que, dans un ms.
ancêtre, la conjecture *in* a commencé par être fourvoyée.

(2) Les lettres grecques tenant généralement plus de place, le copiste n'a pas
dû ajouter à cette ligne la syllabe κοι.

quaeri coniectura solet (127) dice-	(25 *l.*)
tur autem non Peripateticorum	(26 *l.*)
more est enim illorum exercita-	(26 *l.*)
tio elegans iam inde ab Aristo-	(25 *l.*)
tele constituta sed aliquanto	(26 *l.*)
neruosius et ita de re communia	(26 *l.*)
dicentur ut et pro reis multa le-	(26 *l.*)
niter dicantur et in aduersa-	(24 *l.*)
rios aspere augendis uero re-	(24 *l.*)
bus et contra abiciendis nihil	(26 *l.*)
est quod non perficere possit	(25 *l.*)
oratio quod et[1] inter media argu-	(26 *l.*)
menta faciendum est quotiens-	(25 *l.*)
cumque dabitur uel amplifican-	(26 *l.*)
di uel minuendi locus et paene	(25 *l.*)
infinitein perorando(128)duosunt[2]	(26 *l.*)
quae bene tractata ab oratore	(25 *l.*)
admirabilem eloquentiam fa-	(24 *l.*)
ciant quorum alterum quod Grae-	(26 *l.*)
ci ηθικον[3] uocant ad naturas	(17 + 6 *l.*)
< *singulorum hominum delectat* >	(25 *l.*)
et ad mores et ad...	

131. Il faut lire *ut irascatur iudex mitigetur, inuideat faueat, contemnat admiretur, oderit diligat,* < *ut?* > *speret metuat, laetetur doleat, cupiat taedeat ;* c'est une conjecture de moi admise par M. Bornecque, avec une erreur d'exécution que je suppose tenir au doublement à contresens des virgules. Dans les mss., la ligne de 26 lettres se trouve fourvoyée après *cupiat taedeat,* qu'elle doit précéder pour raison métrique ; *diligat* était donc le mot final d'une ligne. La méthode veut qu'on essaie, malgré la distance, de lier mathématiquement la fin de ligne *diligat* à la fin de ligne *naturas* de 128 en rétablissant toute la linéation intermédiaire. Et pour arriver à cet idéal, il est nécessaire d'abord de voir clair dans deux passages à variantes.

Dans 130, L a correctement *quae qualiacumque in me sunt,* me enim ipsum non paenitet quanta sint, *sed apparent in orationibus.* A supprime à tort *enim* et *non* (Heerdegen ; l'apparat Bornecque attribue à L l'omission de *enim*), mais *enim... non* ici est excellent ; il y a dans *enim... non paenitet* une coquetterie d'immodes-

---

(1) Voir p. 34.

(2) Après *sunt* A ajoute un *enim* à contresens ; voir p. 36.

(3) Sur les lettres grecques; voir p. 22, n. 2. Il n'a pas dû être possible d'ajouter *et.*

tic que la nature du passage explique à merveille. Immodeste
pour le lecteur superficiel, *enim... non* est la lectio difficilior.
Sans *non*, d'ailleurs, *ipsum* n'aurait pas de sens. Et puis, *sed*
aussi serait dénué de sens. Que signifierait cette pensée : Je me
déclare modeste, mais mes qualités sont visibles pour qui vou-
dra ?

Dans 131, un *sed etiam* répond à un *nec...solum*, mais *etiam* est
en place mobile, *etiam est faciendum* L, *est faciendum etiam* A.
A priori, il saute aux yeux que *etiam* est apocryphe ; il a été ajouté pour la clarté, parce que le *solum* auquel il répond est excep -
tionnellement éloigné (six lignes du format Budé) ; *etiam* est parfait au point de vue du glossateur. Au point de vue de l'écrivain
lui-même, mieux vaut un simple *sed* sans *etiam* ; la longue antithèse est en effet assez lâche, et il est avantageux que les dispa-
rates entre les deux parties qui la composent ne soient pas sou-
lignées par une symétrie trop mécanique du cadre grammatical.
— Il y a un autre *etiam* deux lignes plus haut.

Me ipsum non paenitet étant accepté et *etiam* banni, la longue
linéation se restitue d'une façon parfaitement plausible. J'ai supposé, conformément à une remarque antérieure, que les lettres
de παθητικον tiennent un peu plus de place que des lettres latines.

ci ηθικον uocant ad naturas	
< *singulorum hominum delectat* >	
et ad mores et ad omnem uitae con-	(26 *l.*)
suetudinem accommodatum alte-	(26 *l.*)
rum quod idem παθητικον no-	(13 + 9 *l.*)
minant quo perturbantur animi	(26 *l.*)
et concitantur in quo uno reg-	(24 *l.*)
nat oratio illud superius come	(26 *l.*)
iucundum ad beniuolentiam con-	(26 *l.*)
ciliandam paratum hoc uehe-	(23 *l.*)
mens incensum incitatum quo	(24 *l.*)
causae eripiuntur quod cum ra-	(25 *l.*)
pide fertur sustineri nullo	(24 *l.*)
pacto potest (129) quo genere nos me-	(25 *l.*)
diocres aut multo etiam minus	(25 *l.*)
sed magno semper usi impetu sae-	(26 *l.*)
pe aduersarios de statu omni de-	(26 *l.*)
iecimus nobis pro familiari	(24 *l.*)
reo summus orator non respon-	(24 *l.*)
dit Hortensius a nobis homo au-	(25 *l.*)
dacissimus Catilina in senatu	(26 *l.*)
accusatus ommutuit nobis pri-	(25 *l.*)

uata in causa magna et graui cum	(26 *l.*)
coepisset Curio pater respon-	(25 *l.*)
dere subito assedit cum sibi ue-	(26 *l.*)
nenis ereptam memoriam dice-	(24 *l.*)
ret (130) quid ego de miserationibus	(26 *l.*)
loquar quibus eo sum usus pluri-	(26 *l.*)
bus quod etiam si plures diceba-	(26 *l.*)
mus perorationem mihi tamen om-	(26 *l.*)
nes relinquebant in quo ut uide-	(26 *l.*)
rer excellere non ingenio sed	(25 *l.*)
dolore assequebar quae qualia-	(26 *l.*)
cumque in me sunt *me ipsum non*	(24 *l.*)
paenitet quanta sint sed appa-	(25 *l.*)
rent in orationibus etsi ca-	(23 *l.*)
rent libri spiritu illo prop-	(24 *l.*)
ter quem maiora eadem illa cum	(25 *l.*)
aguntur quam cum leguntur uide-	(26 *l.*)
ri solent (131) nec uero miseratione	(26 *l.*)
solum mens iudicum permouenda	(26 *l.*)
est qua nos ita dolenter uti so-	(25 *l.*)
lemus ut puerum infantem in ma-	(25 *l.*)
nibus perorantes tenuerimus	(25 *l.*)
ut alia in causa excitato reo no-	(26 *l.*)
bili, sublato etiam filio paruo	(26 *l.*)
plangore et lamentatione com-	(25 *l.*)
plerimus forum *sed est facien-*	(25 *l.*)
dum ut irascatur iudex mitige-	(25 *l.*)
tur inuideat faueat contemnat	(26 *l.*)
admiretur oderit diligat <*ut*>	(24 *l.*)
speret metuat laetetur doleat	(26 *l.*)
cupiat taedeat...	

On voit que le contrôle mathématique par la linéation n'est pas
défavorable à l'hypothèse de fourvoiement par moi communiquée
à M. Bornecque. Quant à l'addition d'un *ut*, par laquelle je voulais
écarter une « pluripartition vicieuse », elle se concilie d'elle-
même avec le contrôle de linéation.

132. *uterer exemplis domesticis, nisi ea legisses ; uterer alienis,*
uel Latinis si ulla reperirem, *uel Graecis si deceret, sed Crassi
perpauca sunt nec ea iudiciorum, nihil Antoni, nihil Cottae, nihil
Sulpici* (-cio A) ; *dicebat melius quam scripsit Hortensius.* Le
bon sens veut qu'on intervertisse les deux portions de phrase
commençant par *uel.* Le saut à supposer n'a pu être vertical dans
l'archétype ; la faute, si elle est réelle, doit être antérieure à ce
ms.

133. *uerum haec uis, quam quaerimus,* quanta sit suspicemur (-amur *A*), *quoniam exemplum non habemus ;* ut (aut *A*) *si exempla sequimur, a Demosthene sumamus.* Il y a ici une lacune grave. D'une part *suspicemur* a besoin d'être précisé par quelque déterminatif ; d'autre part il n'est pas dit expressément qu'il s'agit de l'éloquence idéale, ce qui est seulement indiqué par le fait qu'on manque de modèle *(exemplum non habemus)* et par le trop bref *quam quaerimus.* Pour trouver la place exacte de la lacune, reprenons l'examen de la linéation :

cupiat taedeat qua in uarieta-	(25 *l.*)
te duriorum accusatio suppedi-	(26 *l.*)
tabit exempla, mitiorum defen-	(25 *l.*)
siones meae(132)nullo enim modo ani-	(26 *l.*)
mus audientis aut incitari aut	(26 *l.*)
leniri potest qui modus a me non	(26 *l.*)
temptatus[1] sit dicerem perfec-	(25 *l.*)
tum si ita iudicarem nec in ueri-	(26 *l.*)
tate crimen arrogantiae exti-	(25 *l.*)
mescerem[2] sed ut supra dixi nul-	(25 *l.*)
la me ingenii[3] sed magna uis ani-	(25 *l.*)
mi inflammat ut me ipse non te-	(24 *l.*)
neam nec umquam is qui audiret	(25 *l.*)
incenderetur nisi ardens ad	(24 *l.*)
eum perueniret oratio uterer	(25 *l.*)
exemplis domesticis nisi ea le-	(26 *l.*)
gisses uterer alienis *uel Lati-*	(26 *l.*)
nis si ulla reperirem uel Grae-	(25 *l.*)
cis si deceret[4] sed Crassi per-	(24 *l.*)
pauca sunt nec ea iudiciorum	(24 *l.*)
nihil Antoni nihil Cottae ni-	(24 *l.*)
hil Sulpici dicebat melius	(23 *l.*)
quam scripsit Hortensius (133) ue-	(24 *l.*)
rum haec uis quam quaerimus	(23 *l.*)
<*quam perfectae esse dicamus*	(24 *l.*)
eloquentiae animo tantummodo>	(26 *l.*)
quanta sit suspicemur...	

(1) M. Bornecque a substitué le barbarisme *tentatus* ; une telle erreur pourrait avoir quelque gravité là où on a à compter les lettres.
(2) *Pertim-* A ; cf. 98.
(3) *Ingeni* Bornecque, sans avertissement dans l'apparat.
(4) Voir p. 25.

Deux lignes m'ont paru indispensables pour le raccord qui vient
d'être proposé à titre d'exemple. La pensée éclaircie tant bien
que mal par l'insertion de ce raccord, on voit plus nettement que
dans la phrase suivante il ne faut pas lire *aut,* dont le *ut* de L ne
peut être la mutilation (les philologues se figurent trop aisément
que les petits mots échappent au déterminisme). On lira *at;* le
modèle de A devait porter *ªut,* et le substituende aura été inséré.

134. Primitivement, ce paragraphe contenait une désignation
de l'orateur parfait, car ce personnage est le sujet d'un verbe et il
est question de sa bouche *(quibus sic* abundabit *ut uerbum ex* ore
nullum nisi aut elegans aut graue exeat). Il y a donc lacune et,
pour le critique exercé, la place de la lacune est indiquée par une
variante d'ordre ; *debeat esse* L, *esse debeat* A. Prolongeons la linéation, et nous savons d'avance qu'en cet endroit précis nous
verrons clair :

quanta sit suspicemur quoniam	(26 *l.*)
exemplum non habemus at[1] si exem-	(26 *l.*)
pla sequimur a Demosthene suma-	(26 *l.*)
mus et quidem perpetuae dictio-	(26 *l.*)
nis ex eo loco unde in Cthesi-	(23 *l.*)
phontis iudicio de suis factis	(26 *l.*)
consiliis meritis in rem publi-	(26 l.)
cam adgressus est dicere ea pro-	(26 *l.*)
fecto oratio in eam *formam* quae	(26 *l.*)
est insita in mentibus nostris	(26 *l.*)
includi sic potest at maior elo-	(26 *l.*)
quentia non requiratur[2] (134) sed iam	(26 *l.*)
forma restat et χαραχτηρ ille	(25 *l.*)
qui dicitur qui qualis debeat	(25 *l.*)
<*apud perfectum oratorem esse*>	(25 *l.*)

Un *esse* a dû figurer dans la ligne omise, mais avec cet *esse*
l'*esse* mobile des mss. n'a rien de commun. Les deux *forma* qu'a
rapprochés une inadvertance de l'écrivain n'ont rien de commun ;
le premier est le type, le modèle, l'idée en soi, le second est un
essai de traduction pour χαραχτήρ. Il est difficile de découvrir un
sens au *forma* <*ipsa*> *et* χαραχτηρ *ille* de L (pourquoi pas *forma
illa et* χαραχτηρ *ipse* ?), et la linéation indique assez que *ipsa* est
apocryphe. Le χαραχτήρ en question appartient-il au *style oratoire*
tout court (Bornecque)? Pas précisément. Une fois la lacune aper-

(1) Voir ci-dessus.
(2) Voir p. 36.

çue, on se rend mieux compte qu'il s'agit du style oratoire dans
l'éloquence idéale.

Les §§ 134-139 soulèvent un curieux problème de critique. Ils
sont dans Quintilien (9, 1, 37) l'objet d'une longue citation ; on
s'attendrait donc à voir le détail du texte assuré par l'existence
de deux traditions manuscrites parallèles, mais il n'en est rien.
Dans 135 les mss. de Cicéron et de Quintilien ont un même non-
sens : *aut duplicantur iteranturque uerba aut* breuiter commutata
ponuntur. Dans 136 il semble bien que les deux textes présentent
une lacune ; de Démosthène en particulier il est dit *et uero nullus*
(pourquoi pas *nec uero ullus* ?) *fere ab eo locus sine quadam conformatione sententiae dicitur*, puis, sans en avertir, l'écrivain passe
à une proposition générale *nec quicquam est aliud* dicere *nisi aut
omnis aut certe plerasque aliqua specie illuminare sententias*.
D'une part il manque une transition de ce qui est personnel à ce
qui est universel, d'autre part *dicere* manque d'un déterminatif,
car, si on l'emploie absolument, ce verbe peut se dire du plaideur
le plus dénué de talent et de style, le plus incapable d'orner de
traits sa plaidoirie. La linéation, on le verra d'ailleurs, permet
d'imaginer ici une ligne perdue (par exemple : *nec quicquam est
aliud* <*aut Graecis aut nobis oratorie*> *dicere, nisi...*) A supposer
que la lacune soit antérieure à Quintilien, a-t-il été capable de co-
pier sans s'en apercevoir une phrase gravement mutilée ? lors de
cette bévue, avait-il commencé par avaler *breuiter commutata ?*
Je ne puis le croire pour ma part ; je conclus que notre texte de
Quintilien n'est pas celui qu'il avait écrit, mais bien un texte emprunté à un ms. de l'*Orator*. Par la voie vulgaire de la collation ?
non peut-être ; le collateur aurait sans doute eu assez de discer-
nement pour préférer à *breuiter commutata* une leçon intelligible,
et surtout pour emprunter à Quintilien les mots qui ont disparu
dans la lacune de LA. — Est-ce donc que l'archétype de nos mss.
de Quintilien avait perdu un feuillet ne contenant qu'un morceau de la longue citation, et qu'on a été chercher un supplément
dans le texte de l'ouvrage original ? je pencherais pour une hypothèse hardie et simple : la longue citation n'existait pas du tout
dans Quintilien, qui s'était borné à reproduire quelques lignes
en les faisant suivre d'un simple renvoi à l'*Orator*. Il est à signa-
ler que Quintilien ne marque aucunement où finit la longue
citation (cinquante lignes grand in-octavo dans Halm). Son texte
personnel reprend comme il serait naturel après une phrase de
renvoi : *Ergo cui latius complecti conformationes uerborum ac
sententiarum placuerit, habet quod sequatur...*

Nous voici donc, en définitive, en face de Cicéron seul. Entre
notre nouvelle lacune et la précédente il y a un très long intervalle, ce qui pourrait inquiéter sur la possibilité de restituer la
linéation intermédiaire. Mais ici j'ai passé par un premier tâton-
nement dont il me paraît indispensable de faire la confidence au
lecteur, parce que l'histoire en est instructive au point de vue de
la méthode, ou plutôt de la sûreté de la méthode.

Après *est aliud dicere nisi* (136) il y a dans l'édition Bornecque
un astérisque. Ce signe, lors d'une première exploration toute superficielle où je parcourais le texte rapidement, en notant en marge
et tous les faits qui semblaient appeler l'attention et toutes les
idées (si fugitives qu'elles fussent) qui me traversaient l'esprit,
m'avait suggéré une suspicion vague. J'avais donc noté, après
dicere nisi, la possibilité d'une lacune qu'auraient pu combler les
mots *uerborum confirmationibus.* C'est en vue de cette hypothèse
inconsistante (car je n'avais pas encore songé à la lacune qui doit
précéder et non suivre *dicere nisi*) que j'ai d'abord pointé sur mon
exemplaire une tentative de linéation, tentative toute mathématique, où je me bornais à faire des comptages méthodiques de
lettres. Or le comptage, automatiquement, m'a signalé la fin d'une
ligne non après *dicere nisi,* mais juste avant ces mots, et le point
limitatif était marqué à l'encre rouge sur mon exemplaire, quand
j'ai conçu l'idée de la correction à laquelle je m'arrête maintenant.

Avant de reproduire la linéation restituée, il y a lieu de com-
menter quelques détails. Dans 134, *ex his* (A) ou *ex ipsis* (L) représente *ex is* (= *ex iis* ou *ex eis*); *ipsis* n'a ici aucune raison d'être
et le *ex iis ipsis* de Lambin est à écarter résolument ; le *ipsis* de L
vient du même lecteur qui a écrit *forma* < *ipsa* > dans la ligne
précédente. — Si ensuite A omet *uerborum* après *singulorum,* c'est
par un vulgaire saut horizontal du même au même. — *Non quia*
A et Quint., *non quod* L, représentent évidemment *non quo,* mais
après *non* l'archétype avait 4 lettres. — 135 *coicitur* (L) est plus
ancien que *conicitur* (A) ; les mss. de Quintilien ont la vieille forme
et le rajeunissement. — 135 *susum* (F et A) est à préférer à *sursum.*
— *explanatio* (L) pour *exclamatio* (A, Quint.), c'est-à-dire ᴘ pour
c, peut donner quelque lumière sur la date de l'archétype.

Dans 135 la correction *in ea* < *n* > *dem sententia* < *m* > lais-
serait intacte la linéation ; la ligne aurait 26 lettres au lieu de 24.

Dans 135 encore A, F, Pᶜᵒʳʳ· et Quintilien ont *quaestionis* par *ae.*
Il est peu probable que l'*a* ait figuré dans l'archétype (la ligne
aurait 25 lettres au lieu de 24). Il y a rencontre de plusieurs co-

pistes indépendants, cela par l'effet du principe de banalité
croissante.

ex *is* quae supra dicta sunt in- (24 *l.*)
tellegi potest nam et *singulo-* (25 *l.*)
rum uerborum et collocatorum (25 *l.*)
lumina attigimus, quibus sic (24 *l.*)
abundabit ut uerbum ex ore nul- (25 *l.*)
lum nisi aut elegans aut graue (25 *l.*)
exeat ex omnique genere fre- (23 *l.*)
quentissimae tralationes (23 *l.*)
erunt quod eae propter simili- (25 *l.*)
tudinem transferunt animos et (26 *l.*)
referunt ac mouent huc et illuc (26 *l.*)
qui motus cogitationis celeri- (26 *l.*)
ter agitatus per se ipse delec- (25 *l.*)
tat et reliqua ex collocatione (26 *l.*)
uerborum quae sumuntur quasi (25 *l.*)
lumina magnum afferunt orna- (24 *l.*)
tum orationi sunt enim similia (26 *l.*)
illis quae in amplo ornatu scae- (26 *l.*)
nae aut fori appellantur insig- (26 *l.*)
nia non *quo*[d] sola ornent sed (23 *l.*)
quod excellant (135) eadem ratio est (26 *l.*)
horum quae sunt orationis lumi- (26 *l.*)
na et quodam modo insignia cum (25 *l.*)
aut duplicantur iteranturque (26 *l.*)
uerba aut breuiter commutata (25 *l.*)
ponuntur aut ab eodem uerbo du- (25 *l.*)
citur saepius oratio aut in (23 *l.*)
idem *coicitur* aut utrumque aut (26 *l.*)
adiungitur idem iteratum aut (25 *l.*)
idem ad extremum refertur aut (25 *l.*)
continenter unum uerbum non in (26 *l.*)
eadem sententia ponitur aut (24 *l.*)
cum similiter uel cadunt uerba (26 *l.*)
uel desinunt aut cum sunt con- (24 *l.*)
trariis relata contraria aut (25 *l.*)
cum gradatim *susum* uersus redi- (26 *l.*)
tur aut cum demptis coniunctio- (26 *l.*)
nibus dissolute plura dicun- (24 *l.*)
tur aut cum aliquid praetereun- (26 *l.*)
tes cur id faciamus ostendimus (26 *l.*)
aut cum corrigimus nosmet ip- (24 *l.*)
sos quasi reprehendentes aut (25 *l.*)
si est aliqua exclamatio uel ad- (26 *l.*)

mirationis uel *questionis* aut   (26 *l.*)
cum eiusdem nominis casus sae-   (25 *l.*)
pius commutantur (156) sed senten-   (24 *l.*)
tiarum ornamenta maiora sunt   (25 *l.*)
quibus quia frequentissime De-   (26 *l.*)
mosthenes utitur sunt qui pu-   (24 *l.*)
tent idcirco eius eloquentiam   (26 *l.*)
maxime esse laudabilem et uero   (26 *l.*)
nullus fere ab eo locus sine qua-   (26 *l.*)
dam   conformatione sententiae   (26 *l.*)
dicitur nec quicquam est aliud   (26 *l.*)
<*aut Graecis aut nobis oratorie*>   (26 *l.*)
dicere, nisi...

SECONDE SÉRIE

SAUTS DU MÊME AU MÊME

SAUT L

107. *fluc[tuan]tibus.*

SAUT A

94. *quam [quam]* A, non noté par M. Bornecque (voir p. 5). —
99. *duo[bus generi]bus.* — **105.** *ut a[it A]ntonius.* — **106.** *es [t a]ut.*
106. *nos primi. Nostri* A=*nos pr[im]i,* non mentionné par M. Bornecque (1). — **107.** *cael[o n]on.* — **109.** *tame[n i]n.* — **134.** *sin-
gul[orum uerb]orum* (p. 29).

SAUT LA

93. « *horridam Africam terribili tremere tumultu* » *cum dicit.* Le
vers d'Ennius étant *Africa terribili tremit horrida* terra *tumultu,*
et Cicéron citant le passage pour la figure qui consiste à substi-
tuer le nom de pays au nom de peuple, *terra* ne pouvait manquer
dans sa citation. Écrire donc *Afric[am terr]am terribili,* avec re-
doublement d'un groupe de six lettres.

(1) Après *accepi-mus,* les mots *easque nos primi quicumque era-mus* forment
29 lettres, seulement 26 si l'archétype avait déjà *pri* pour *primi,* moins si l'une
des deux syllabes *que* ou si toutes les deux étaient écrites en abrégé. La mélecture *oramus* pour *eramus* dans A peut faire supposer une surcharge (Manuel
§ 1352) et par conséquent une ligne omise par saut vertical. A change d'ailleurs
eas en *ita,* ce que ne dit pas M. Bornecque.

SAUT CHEZ DES GRAMMAIRIENS

116. *sit id. Sit* seul Diomède et Marius Victorinus ; leur citation vient d'un texte où ITIT avait été dédoublé. — **135.** *no[n i]n* Quintilien.

APRÈS SAUT L

118. *de bonis rebus. De nouis rebus* L (ordre *rebus nouis* O). Par saut de *eb* à *eb,* on a eu *debus ;* après la restitution, le *bonis* de la surcharge a été mélu *bouis ;* ensuite un nouveau correcteur a inscrit ⁿ trop à gauche, et c'est le *b,* non l'*u,* qui a été remplacé par *n.* — **120.** *nolo ignoret ne. Nolo ne ignoret ne* L. On supposera, à la suite d'un saut de *no* à *no,* un *noret ne* surmonté de *nolo ignoret ne ;* en exponctuant *noret,* le correcteur a oublié d'exponctuer aussi le *ne* qui suivait.

124. *uerecunda nondum.* Le *non* de L n'implique nullement une omission gratuite de *dum ;* un saut de *nd* à *nd* a donné *uerecundam,* puis l'adjectif a été remis en accord avec son substantif *principia.* Quant au *non* de L, ce n'est pas un résidu de *nondum,* c'est un raccord conjectural, suggéré par le *sed* qui vient peu après.

APRÈS SAUT A

92. *pro uerbo proprio. Pro uerbo* A, modèle *proprio pro uerbo.* — **104.** *inter omnes in omni. Inter omnes* A, modèle *in omni, inter omnes.* — **111.** *grauitatis.* A a *grauissimis* qui doit être l'arrangement d'un *grauitis.* — **115.** *uerum falsumne. Falsum uerum ne* A ; il y a eu saut de *um* à *um,* puis fourvoiement de *falsum* rétabli. Cette variante n'est pas indiquée dans l'apparat Bornecque. — **116.** *nec recte disseri nec unquam. Nec recte disseres umquam nec* A, leçon qui suppose *nec umquam* avec *recte disseri nec.* La bizarre faute *disseres* pour *disseri* est en tout cas liée à l'existence d'une surcharge ; serait-ce la mélecture d'un *disserei ?* Plutôt d'un *re,* retouché pour avoir attiré l'attention. *Disseri* est coordonné à *perueniri* (dans A *-nire,* devant *potes* écrit pour *potest).*

APRÈS SAUT LA

100. *sed inuentus profecto est ille eloquens, quem numquam uidit Antonius. Quis est igitur, sed complectar breui, disseram pluribus ; is est enim eloquens qui..* Au lieu de *sed,* A a *is ;* il est clair que *sed* est la *lectio difficilior* et que c'est de là qu'il faut partir. On notera, d'autre part, que *complectar* appelle un régime, comme serait par exemple *rem*. Je suis tenté de lire *Quis est igitur* is ? id *complectar breui...* Dans l'archétype, je supposerais *igiturisid*, avec un *is* d'abord omis, par saut de *i* à *i*, ensuite inséré par le correcteur dans la ligne même et écrasé entre les lettres *r* et *i* ; *sed* d'une part, *is* de l'autre, seraient deux arrangements parallèles du groupe obscur *isid*.

104. *at quid siqui* ou *si qui* A F, *atqui* ou *at quid si quid* PO (renseignements incomplets dans M. Bornecque). Lire avec Heerdegen *at quid sequi* ; par saut de *qui* à *qui* on aura eu ATQVI ; c'est sur une surcharge, comme il arrive d'ordinaire pour les mélectures, qu'aura été commis le faux déchiffrement de *sequi* ; les erreurs sur la place du *d* tiennent aussi à ce qu'il y a eu retouche. — 107. *caelo non queant*, citation du *pro Rosc. Am.*, *Non* om. A ; l'archétype devait avoir CAELONQVEANT par dédoublement de ONON ; A a éliminé le résidu *n* ; L aura été collationné sur le discours original[1]. — 126. on lit *aequa*[*bi*]*liter*. Un saut de *i* à *i* a donné *aequabiter*, puis l'insérende [*li*] a été, à tort, substitué.

SAUT AVEC AMORCE NÉGLIGÉE L

94. [*et*] *haec ipsa subiungit et.* — 100. [*et*] *humilia subtiliter et.* — 118. *ac tractatos. Et tractatos* L ; ACTRACT aura été mutilé en ACT et, lors du rétablissement, la dernière lettre de l'amorce ACT a seule été restituée.

SAUT AVEC AMORCE NÉGLIGÉE A

122. [*e*] *rebus.* — 127. *et inter. Inter* seul A ; suppose *eter* avec [*in*] au lieu de [*tin*].

SAUT AVEC AMORCE NÉGLIGÉE LA

103. *quae exempla. Quaeq. exempla* A, ce que ne dit pas M. Bornecque. Le *quae quidem* de Heerdegen est probable ; on sup-

---

(1) Aussi L a-t-il la bonne variante (non mentionnée par M. Bornecque dans son apparat) *terra non tangat*. Le *terram non tangant* de A est amétrique, critère qui, dans ce discours de jeunesse, ne prouve pas d'une façon rigoureuse, mais qui semble garder une valeur sérieuse dans un morceau si apprêté. Le parricide mort dans son sac, la terre ne *vient* pas presser ses os ; de même il flotte sans que les vagues *viennent* le baigner (*ita iactantur fluctibus ut numquam alluantur*). *Terram non tangant* suppose absurdement que les os *viennent* à la terre.

posera QVAEQVIDEMPLA, par saut de EM à EM, avec insérende ᵉˣ sans l'amorce EM. Le résidu QVID aura été simplement
éliminé dans L, mutilé dans A, par suite de quelque obscurité
d'exponctuation.

OMISSIONS GRATUITES APPARENTES

OMISSIONS L

120. *nescire autem quid ante quam natus sis acciderit,* id est
semper *esse puerum ; quid enim est aetas hominis, nisi* ea [om. L]
memoria rerum ueterum cum superiorum aetate contexitur. Dans
la première proposition, commençons par éliminer *id,* en orthographe des temps byzantins aussi *it,* qui n'est qu'une répétition
de la finale précédente. Ensuite, pour la métrique, remplaçons
est semper par *semper est ; est* avait disparu par saut de *es-* à *es-,*
puis a été rétabli en place fausse. Le style gagne à la transposition, car la disjonction de *semper* lui donne le relief qui convient.
— Dans la seconde proposition, lisons *ea* $<$ *m* $>$ *memoria... con-
texit.* « Qu'est le développement de l'individu s'il n'est pas, grâce
à la mémoire du passé, soudé au développement des individus
antérieurs ? » M. Bornecque a gardé la *lectio difficilior* que Heerdegen, antiméthodiquement, avait effacée, mais la leçon en question est inexplicable. Elle contient deux fautes, 1° le dédoublement banal de MM, faute primitive, 2° en conséquence, l'arrangement de l'actif *contexit* en un passif. Quant à la suppression
de *ea* dans L (et dans Heerdegen) c'est une faute tertiaire, voulue
et **non** gratuite.

106. *Cotta,* omission attribuée à A par Bornecque (puis après 57
lettres *Cotta*). Il y a eu probablement un saut vertical du même
au même, puis un rétablissement où l'amorce *Cotta* a été négligée ; le saut a été commis non sur l'archétype, mais sur un intermédiaire à lignes longues.— **108.** *quam multa* sunt *nostra* eaque
hanc ipsam habent quam... A répète *sunt* après *eaque ;* nul ne dira

que là L le supprime. La répétition fautive de *sunt* doit. tenir à
un saut de *quam* à *quam* avec rétablissement confus du long insérende.— 109. *Homero, Ennio, reliquis* (l. -*cuis*) *poetis* et maxime *tragicis.* L remplace *et maxime* par *maximis.*. Il n'y a pas ici
omission à proprement parler. Une même distraction a induit le
copiste à deux fautes connexes, le changement de l'adverbe en
adjectif avec accord, l'oubli de la conjonction qui introduisait
cet adverbe. Cela semble supposer un copiste fatigué, en train de
s'endormir ; dans la faute qu'il a rêvassée, on ne peut trouver un
précédent pour attribuer des omissions gratuites à un copiste dis-
pos. — 118. *A dialecticis. A* om. L ; est-ce une omission gratuite ? j'en doute. Devant *d*, Cicéron avait dû écrire *ab ;* un correcteur aura voulu *a*, selon l'usage des bas temps, et l'exponctua-
tiou du *b* aura été mal comprise. — 120 *étiam, Et* L ; dans l'abréviation peu répandue *ēt* pour *etiam* le copiste n'a pas su s'apercevoir qu'il y avait un tilde. — 126 *ut de* L, *ut inde* A. Le modèle
de A devait avoir *ut inde*, et A a inséré le substituende ; il n'y a
pas eu omission dans L.

128. *Duo sunt* enim *quae bene tractata ab oratore* admirabilem
eloquentiam *faciant.* Le *enim* de A manque dans L (à en croire
M. Bornecque, ce serait le contraire). *Enim* vient probablement du
même retoucheur du modèle de A qui a remplacé *duo...tractata*
par *duae res...tractatae ;* il n'y a donc pas à supposer dans L une
omission gratuite. *Enim* est à contresens. L'auteur en a fini avec
sa bipartition de l'*ornatus* entre la θέσις et l' αὔξησις (125), et il passe à une bipartition nouvelle, celle de l'ἠθικόν et celle du παθητικόν.
M. Bornecque a bien senti le changement de sujet, et en conséquence il a mis *duo sunt...* à la ligne. Or en latin, ce que nous ex-
primons par une mise à la ligne s'exprime par le style même ;
l'alinéa de style, c'est l'absence de toute conjonction (voir p. 38).
L'expression vague *admirabilem eloquentiam* est d'ailleurs probante par son vague même ; elle indique, pour qui sait lire, que
Cicéron revient à l'ensemble même du sujet de son ouvrage et
qu'il n'est plus question d'aucun point de vue particulier.

133. Tel morceau de Démosthène est si voisin de notre idéal,
ut maior eloquentia non *requiratur* (L), sens clair et excellent. Je
ne sais comment des modernes ont pu opter pour la leçon de A,
ne requiratur quidem. C'est, sous forme latente, introduire entre
l'idéal et le grand orateur l'idée tierce d'un rival *(ut maior eloquentia* < *nusquam reperiatur* >, *ne requiratur quidem) ;* c'est
amoindrir un magnifique éloge. *Quidem* représente donc une addition saugrenue de A ; ce n'est pas un mot gratuitement omis par L.

OMISSIONS A

97. *sed hanc eloquentiam quae cursu magno sonituque* ferretur.
Fertur A (non mentionné dans l'apparat Bornecque). L'omission
de la syllabe *re* paraît bien être ici une faute directe, sans lien
avec aucun saut du même au même ; mais est-ce à proprement
parler une *omission*, c'est-à-dire un oubli graphique, comme
serait par exemple *hana* pour *harena* ou *irtitus* pour *irretitus ?*
Il ne semble pas. L'essence de la faute est ici une confusion de
syntaxe ; le copiste ne s'est plus rappelé que *ferretur* appartenait
à un membre d'une période, et il en a fait une proposition indé-
pendante et en quelque sorte absolue. Un critique, par conséquent, n'aurait pas le droit d'invoquer la faute *fertur* comme un
exemple d'omission gratuite. — Après coup, je m'aperçois que
j'ai eu plus raison que je ne pensais. *Fertur* est emprunté à une
paraphase de Julius Victor. Cela nous renseigne sur les ins-
truments dont s'aidait le copiste de A, et cela ruine l'hypothèse
d'omission gratuite d'une façon définitive.

97. *hanc eloquentiam quae cursu magno sonituque ferretur* (v. ci-
dessus), *quam suspicerent* omnes [L seul], *quam admirarentur,
quam se assequi posse diffiderent.* L'absence de *omnes* dans A tient-
elle à une omission gratuite ? Je n'en crois rien, car *omnes* ne vaut
pas grand chose. Sont-ce bien tous les citoyens, ou si l'on veut
tous les orateurs, qui vont admirer l'éloquence en question et
désespérer de l'atteindre ? non sans doute ; les vieux avocats ne
songent pas à se mettre à l'école d'un talent ou d'un génie nouveau. Le sujet des trois subjonctifs commandés par des *quam*,
ce doivent être les apprentis orateurs préoccupés de faire des
progrès. Donc, avant le second *quam* ou plutôt peut-être avant
le troisième, il est probablement tombé une ligne (par exemple
sine inuidia adulescentes, 23 lettres). A a gardé la leçon mutilée
(la *difficilior*) ; le *omnes* de L est un mauvais raccord inséré pour
l'amour du mot à mot.

103. *nulla est enim ullo in genere* laus *cuius in nostris* orationibus *non sit aliqua si non perfectio, at conatus tamen atque adum-
bratio.* Après *laus*, L ajoute *oratoris*, qui est oiseux et que Cicéron n'aurait pas placé si près de *orationibus*. Il y a glose intruse
dans L, non omission gratuite dans A.

106. *ieiunas igitur huius multiplicis et aequabiliter in omnia
genera fusae orationis auris ciuitatis accepimus ; easque nos primi*
(p. 32), *quicumque eramus et quantulumcumque* dicebamus, *ad
huius generis* audiendi *incredibilia studia conuertimus.* Les oreilles

affamées se sont passionnées pour entendre l'éloquence nouvelle, non, je suppose, pour prendre elles-mêmes la parole ; *audiendi* convient donc. Devant ce mot L insère une correction intruse à contre sens, *dicendi*, que d'ailleurs le voisinage de *dicebamus* aurait dû suffire à déconseiller à son inventeur et aux modernes. Addition de L, non omission de A.

111. *multae sunt eius* [et[1]] *totae orationes subtiles... multae totae graues...* Tout le monde est d'accord pour voir dans *et* une addition de L ; il n'y a pas ici d'omission de A.

120. *cum illa diuina...* L a *cumque*, variante non relevée dans l'apparat Bornecque ; *que* est une addition malencontreuse de L, et Heerdegen se trompe certainement en le supposant omis par A. Il serait donné par les deux sources qu'on devrait le supprimer par conjecture, car il réunit indûment deux développements qu'il faut se garder, en dépit de certaines apparences, de confondre en un développement unique. M. Bornecque a senti la vérité et écarté *que,* mais il aurait dû mettre à la ligne, comme il y a lieu de faire toutes les fois que deux propositions consécutives sont sans lien grammatical ; dans Cicéron, les heurts de grammaire indiquent les alinéas, comme les fins métriques indiquent la ponctuation [2]. Et la traduction s'est ressentie de la disposition fausse : « *Mais* je ne voudrais pas que ces sujets... lui *fissent négliger* ceux... » Ce *mais* et ce *fissent négliger* sont contre la pensée de l'auteur, et *fissent négliger* est contre le bon sens. Où est l'avocat à qui l'étude de la physique et de l'astronomie conseillera de rester ignorant du droit et de l'histoire ?

122. *ammirabiliorem* L, *-bilem* A ; c'est L qui ajoute *-ior-*, non A qui l'omet.

OMISSIONS LA

93... *alio modo transtulit* quom (p. 40) dixit *Ennius* « arce et urbe (*arcen urbem* A, *arcem et urbem* L) orbam », *alio modo si pro patria arcem dixisset,* et « *horridam Afric* < *am terr* > *am* (p. 32)

---

(1) Sur la place de *et* il y a, je crois, erreur dans l'apparat Bornecque.

(2) 123 il faut ponctuer ainsi : *tum ut quidque erit dicendum ita dicet, nec satura ieiune nec grandia minute. Nec item contra, sed erit rebus ipsis par et aequalis oratio.* Ce n'est pas seulement la métrique qui guide ici, c'est aussi le style, car il ne faut pas donner aux trois *nec* une symétrie fausse. — La bonne ponctuation conduit à garder la bonne leçon *sed erit* (L), non enregistrée dans l'apparat Bornecque, et à écarter le fantaisiste *egerit* de A aussi bien que l'impropre *et erit* du nouvel éditeur.

terribili tremere tumultu » cum dicit, *pro Afris* immutat *Africam.*
La seconde citation est faite en style indirect ; il n'y a donc pas à
restituer dans la première le style direct, *orba <su>m* avec omission gratuite. Sans valeur est la variante *orbas* de L, arrangement
provoqué par l'arrangement *arcem et urbem* qui précède ; écarter
donc aussi *orba s<um>.* Plus loin *immutat* va bien si, pour ce
verbe, on accepte ici le sens étymologique; *introduire en chañ-
geant.* Ce sens ne peut pas ne pas avoir existé. Le mot fait d'ailleurs partie de ce vocabulaire technique que Cicéron s'efforce de
donner à la langue latine (les *immutationes* de 94 sont des méto-
nymies). La variante *immutate* de A n'est qu'une des altérations
volontaires qui fourmillent dans ce ms [1]. Rien par conséquent ne
peut légitimer l'omission gratuite supposée par Reis, *immutate
<sumens>* [2].

101. *ne fuerit* L. *Ne fueris* A, avec *dum tu* (en marge, ce que
n'indique pas M. Bornecque). *Dum tu (nedum tu fueris)* est une
conjecture sans valeur ; Heerdegen l'a prise au sérieux, sans se
demander comment *dum tu* aurait pu être sauté et par L et aussi
par le copiste de A. Non content d'accueillir ce *dum tu* si manifestement apocryphe, Heerdegen emprunte à je ne sais quels
deteriores un *uideris* (ou plutôt un *uideris ne*), dont la disparition
rendrait l'ensemble de l'omission moins énigmatique, car il y
aurait un saut du même au même : *ne[dum tu uideris ne] fuerit.*
Il resterait néanmoins de bien grandes invraisemblances a priori ;
pourquoi aucune restitution dans L ? pourquoi dans A une restitution partielle? par quel miracle *uideris* ou *uideris ne* serait-il
arrivé à des *deteriores* ? Tout cela ne tient pas debout.

102. *in <ea>* Heerdegen : voir p. 8. — 103. *nota esse <ea>.* Au
lieu de l'omission gratuite supposée par Reis, supposer un dédoublement : *not<a e>a esse.*

---

(1) Il arrive à ces retouches de A d'être heureuses. Ainsi un **dicet* (94) de
l'archétype a été bien corrigé dans A en *decet,* mal corrigé dans L en *licet.*

(2) Si on pèse non seulement les idées, mais l'alternance grammaticale *quam
dixit... cum dicit,* on verra sans peine que *dixisset et* est une faute pour *dixisset
ut,* cf. 94 *ut cum minutum dicimus animum pro paruo.* La substitution de *et* à
ut vient-elle d'une suggestion de la finale *-et* (Manuel § 488, cf. 865) ? Elle peut
aussi s'expliquer par un saut mal réparé de *-t* à *-t.* Le sens est celui-ci : Ce sont
deux figures différentes, premièrement d'exprimer l'idée abstraite de privation
par un adjectif qui marque un deuil de famille, secondement d'employer un
substantif pour un autre. Ceci, c'est ce qu'aurait fait Ennius s'il avait désigné
par *arx* la patrie, et ce qu'effectivement il a fait en disant *la terre d'Afrique* pour
les Africains.

OMISSIONS GRATUITES VRAIES

Les omissions gratuites réelles, ou paraissant telles, sont en
bien petit nombre : *ut* (devant *in*) om. L 116. — *In* (devant *species*)
om. L 117.

ORTHOGRAPHICA

93. *cum* L *quod* A : lire *quom*.—

110. v. note p. 13.

122. L paraît avoir eu l'épel *ammirabil-*, ce que M. Bornecque
n'indique pas. C'est l'orthographe voulue par Alcuin ; elle est
relativement rare et peut fournir un indice de provenance.

NOTES CRITIQUES SUR ISÉE [1]

SAUT DU MÊME AU MÊME

OMISSIONS

Dionys. Halicarn. de Isaeo 1 (reproduit par M. Roussel p. 13 l. 11).

Je ne sais rien sur ces sortes de questions, dit l'écrivain, διὰ τὸ μ η δ ἐ τοιαύτῃ περιτυγχάνειν ἱστορίᾳ. La *conjecture* μηδε< μιᾷ > de Krüger est améthodique, car elle implique une omission gratuite ; la méthode veut une *semi-conjecture* impliquant un saut du même au même. Lire donc μηδὲ <...μηδὲ>. Le double μηδὲ se comprend aisément ; rien sur Isée <dans ses propres discours, rien> chez les historiens ou les critiques. Cf. un peu plus haut ὡς ἐκ λόγων αὐτοῦ τεκμαίρομαι.

Vie d'Isée (dans les Vies des dix orateurs). Page 13 ligne 2 : σχολάσας <Ἰσοκράτει ἔοικε μάλιστα> Λυσίᾳ. Supplément de Dübner, lequel semble trop bref ; on attend quelque chose comme ceci : Ayant écouté < *Isocrate soigneusement, mais peu satisfait des gentillesses de sa rhétorique, il rappelle plutôt*> Lysias. L'étendue *minima* de la lacune prouve d'ailleurs qu'il y a eu saut d'une ligne à une autre, et il est probable que ç'a été un saut du même au même, quoiqu'il existe des exemples d'omission gratuite quand il s'agit des *lignes,* non des mots ou des syllabes. Rien n'empêcherait de faire, par exemple, commencer le supplément

par un λυσιτελῶς placé au-dessus de λυσία ; pour des commençants
en critique, ce serait un joli exercice de chercher des hypo-
thèses analogues présentant les mêmes avantages de méthode.

ΓΕΝΟΣ ΙΣΑΙΟΥ ligne 17. χαρακτῆρα δὲ τὸν Λυσίου πάνυ ἀ κ ρ ι 6 ῶ ς
ἐζήλωσεν. Ἀκριβῶς manque dans A ; est-ce par omission gratuite ?
non pas ; ce mot est une addition peu intelligente de Q, d'ailleurs
suggérée à son inventeur par un ἀκριβής de la phrase précédente.

L. 19. κατὰ μ ὲ ν τὴν λέξιν ὅτι ἡ μ ὲ ν Λυσίου... Le second μὲν manque
dans A. Est-il authentique ? ce n'est pas sûr ; le δὲ qui vient
ensuite n'est pas symétrique à ce μὲν, et ἡ Λυσίου se suffit aussi
bien qu'ensuite ἡ Ἰσαίου. Si toutefois le μὲν de Q seul était bon,
on devrait supposer saut de μὲν à μὲν, puis, lors du rétablissement, oubli de l'*amorce*, Manuel § 1358.

L. 22. διαφέρει δὲ ὅτι < τῇ μὲν > πολὺ τὸ ἀφελές... Addition de Baiter
et Sauppe. Ne s'impose pas, car < ἐκείνη > ou < τῇ Λυσίου > ferait
aussi bien l'affaire. L'addition ne deviendra méthodique que si
elle fait apparaître un saut du même au même : ὅ < τι τῇ μέν (?)
ἐσ > τι.

L. 24. δόξειε < ν ἄ > ν. Correction qui paraît assurée par un rap-
prochement. Aussi suppose-t-elle un saut du même au même. De
même pour μερισμ < οῖς τεχνικωτέρ > οις l. 32.

L. 25 ὅσον γὰρ[1] ἀπολείπεται (mss. ὑπολ-"ἀπολ-Dion. Hal.) < τῆς χάριτος >
τοσοῦτον ὑπερέχει κατὰ τὴν δεινότητα. Ajouter τῆς χάριτος avec Baiter
et Sauppe, d'après le texte de Denis d'Halicarnasse, c'est évidemment très légitime. Mais le sujet d'ἀπολείπεται et d'ὑπερέχει est-il
bien la λέξις d'Isée ? il semble que ce devrait être plutôt Isée lui-
même. Et puis, ὑπερέχει indique une comparaison (avec Lysias),
ἀπολείπεται ne compare pas. Le type du supplément à imaginer
serait donc ἀπολείπεται < Ἰσαῖος τῆς χάριτος, *si à Lysias on le compare* >, τοσοῦτον... Donc il y a saut d'un groupe de lignes. Et le groupe a pu disparaître par saut du même au même, de ἀπολείπ-εται à
quelque chose comme παραβάλλ-εται.

L. 36. τῆς τοῦ Δημοσθένους. Τοῦ manque dans Q ; c'est une addition de A, car nulle part ailleurs le Γένος Ἰσαίου n'emploie l'article devant un nom d'homme. Cf. 1,22 l. 2 < τὸν > Κλεώνυμον Q.

L. 37. (Qu'on veuille bien ici se reporter au texte de M. Roussel).
Le ἡ διαφορὰ de A manque dans Q. Or ici l'article est impropre ;
ayant assez longuement exposé *les* ressemblances et *les* différences entre Isée et Lysias, l'auteur ne peut maintenant prétendre à
définir *la* différence. Avec ἡ διαφορὰ, d'ailleurs, la phrase est inin-

____

(1) Je n'aperçois pas ce qui pourrait justifier le bizarre changement de γὰρ en
δὲ (Baiter).

telligible à cause de son γάϱ (A), *lectio difficilior* que M. Roussel
remplace indûment par le veule arrangement δὲ de Q. Outre ἡ
διαφοϱὰ sont suspects les mots Λυσίου καὶ Ἰσαίου (A) ou Ἰσαίου καὶ
Λυσίου (Q) ; l'ordre Λυσίου καὶ Ἰσαίου a été suggéré par ce qui suit,
ὥστε Λυσίας μὲν... Ἰσαῖος δὲ... ; l'ordre inverse représente un per-
fectionnement volontaire, la logique voulant que dans une notice
sur Isée on commençât par Isée. Ἡ διαφοϱὰ et le couple des gé-
nitifs devaient, dans un ancêtre de AQ, figurer en surcharge ;
c'est pourquoi ἡ διαφοϱὰ n'a passé que dans A. Ce sont des rac-
cords pour un texte mutilé. Et nous pouvons distinguer encore
deux retoucheurs successifs. Le premier a inséré ἡ διαφοϱὰ Λυσίου
καὶ Ἰσαίου uniquement pour obtenir une construction. Le second,
qui avait plus de liberté d'esprit pour songer au style et au sens,
a interverti les noms propres de la première retouche, et aussi
changé le γάϱ de l'auteur en δὲ ; de plus, par une fausse préoccu-
pation de symétrie, il a écrit μὲν <καὶ> ὑπὲϱ ἀδίκων à cause de δὲ
καὶ ὑπὲϱ ἀγαθῶν. Le premier καὶ manque à bon droit dans A ; que
l'éloquence soit capable d'égarer les juges, c'est chose fâcheuse
mais courante ; il est paradoxal au contraire, et c'est là le sens
du καὶ authentique, qu'un orateur se rende lui-même suspect
quand il a pour lui le bon droit.

Ce qui vient de retouches une fois éliminé, la phrase finale
de la Vie se trouve ainsi conçue : αὕτη δὲ ἦν ὥστε Λυσίας μὲν ὑπὲϱ
ἀδίκων ἔπειθε λέγων, Ἰσαῖος δὲ καὶ ὑπὲϱ ἀγαθῶν ὕποπτος ἦν. Il est visible
qu'après le premier ἦν il y a une lacune importante ; y a-t-il eu
un saut, incomplètement réparé, de ce premier ἦν au second ? Le
substantif sur lequel portait αὕτη n'était à coup sûr pas διαφοϱά ;
ce peut avoir été τέχνη par exemple ; un certain art qui chez Lysias
était οὐ πολλή (ligne 28), et par lequel Isée lui était supérieur,
était chez Isée trop apparent et inclinait l'auditeur à la défi-
ance, tandis qu'on se laissait surprendre par le naturel de
Lysias. Telle devait être à peu près l'antithèse primitive, formu-
lée par l'auteur du Γένος Ἰσαίου en harmonie avec tout son systè-
me d'antithèse. Mais, avant d'être incorporé dans une antithèse,
καὶ ὑπὲϱ ἀγαθῶν ὕποπτος ἦν a dû, ce semble, être un trait épigram-
matique de quelque adversaire. L'auteur premier de ce trait serait-
il le comique Théopompe, qui, d'après les Vies des dix orateurs,
avait mentionné Isée ἐν τῷ Θησεῖ ?

Non seulement la phrase αὕτη... ὕποπτος ἦν est mutilée et retou-
chée, mais elle est hors de sa place (avait-elle été omise exprès,
comme inintelligible, puis restituée après coup ?). La place même
où elle figure dans AQ prête à la suspicion ; elle termine le Γένος

Ἰσαίου, c'est-à-dire qu'elle a pu être inscrite dans un blanc ayant séparé le Γένος du titre du premier discours. Elle est finale et elle n'a rien d'une conclusion. Elle est antithétique et elle est séparée des autres antithèses visant comme elle une comparaison systématique d'Isée avec Lysias. Le pronom αὕτη y est un renvoi qui ne renvoie à rien. Si, enfin, on l'enlève par la pensée, le Γένος Ἰσαίου se termine par une phrase digne d'être appelée une conclusion, car elle résume la vraie gloire d'Isée, qui est d'avoir formé Démosthène : Ἀμέλει γοῦν πηγή τις τῆς Δημοσθένους ἐκαλεῖτο δεινότητος. Le Γένος Ἰσαίου finit comme commence le morceau de Denis d'Halicarnasse : Ἰσαῖος δὲ ὁ Δημοσθένους καθηγησάμενος καὶ διὰ τοῦτο μάλιστα γενόμενος περιφανής.

Où replacer la phrase égarée? évidemment après celle qui explique pourquoi Isée est ὕποπτος. Isée, est-il dit là, use de procédés d'école moins familiers à Lysias, προκατασκευαῖς, μερισμ‹οῖς τεχνικωτέρ›οις ; de plus il malmène l'adversaire, il convainc les juges par des « stratagèmes ». Le τεχνικωτέροις du texte de Denis d'Halicarnasse, mis dans les mss. d'Isée, est ici précieux pour maintenir le *leit motiv* de l'antithèse entre Isée et Lysias, et d'autre part il contribue à suggérer que le support logique de αὕτη pourrait être un τέχνη. — La fin du Γένος Ἰσαίου devient en somme quelque chose de bien suivi :

> ... παρὰ δὲ Ἰσαίῳ πολλὴ τῆς τέχνης ἡ ἀκρίβεια. Καὶ γὰρ προκατασκευαῖς χρῆται καὶ μερισμοῖς τεχνικωτέροις, καὶ πρὸς μὲν τὸν ἀντίδικον διαπονηρεύεται, τοὺς δὲ δικαστὰς καταστρατηγεῖ. Αὕτη δὲ ἦν ‹ἡ τέχνη ?... ›, ὥστε Λυσίας μὲν ὑπὲρ ἀδίκων ἔπειθε λέγων, Ἰσαῖος δὲ καὶ ὑπὲρ ἀγαθῶν ὕποπτος ἦν. Πόλυς δ'ἐστὶν ἐν τῷ δικανικῷ, καὶ σχεδὸν μόνον τοῦτο ἤσκησεν. Ἀμέλει γοῦν πηγή τις τῆς Δημοσθένους ἐκαλεῖτο δεινότητος.

Isée 1, sommaire l. **11-14**. Au sommaire authentique n'appartiennent que les mots très symétriquement disposés οἱ μὲν ἄλλοι ταῖς γενομέναις ἐξ ἀρχῆς διαθήκαις διισχυρίζονται, οἱ δὲ τοῖς τελευταῖον παρὰ Κλεωνύμου γενομένοις ; dans la pensée du rédacteur, τοῖς... γενομένοις visait deux points distincts, le désir attribué au défunt d'annuler son testament et le fait qu'il avait recueilli chez lui ses neveux. Quant à ce qui suit οἱ δὲ dans les mss. (λέγοντες, φησίν, ὅτι μετεκαλέσατο τὸν ἄρχοντα ἵνα λύσῃ αὐτάς), c'est une glose tirée du texte, et qui l'indique elle-même par le φησίν que Sauppe a cru apocryphe. De là, dans le petit morceau composite que je dissèque, παρὰ Κλεωνύμου (et non παρ' αὐτοῦ), alors que la désignation du personnage vient d'être sous-entendue comme sujet de λύσῃ et de μετεκαλέσατο. — Tout ceci est en dehors de mon sujet, les omissions gratuites et les sauts du même au même, mais voici qui nous ramène à la

question. J'ai admis ci-dessus le τοῖς de Sauppe, conjecture pour
καί, en soi assez étrange. En réalité je ne crois pas qu'effectivement un τοῖς ait été corrompu en καί. Dans αυταστοιστελευταιον, τοῖς
a disparu purement et simplement, par saut de στ à στ. Ensuite
un copiste, embarrassé par la double obscurité née de l'intrusion
d'une glose et de l'absence de τοῖς, a inséré un semblant de raccord
après αὐτάς, non pour se satisfaire lui-même, mais pour donner
le change à ses supérieurs. De tous les semblants de raccord, le
plus commode est certainement καί. Un καί analogue a été inséré
(ligne 2 du sommaire) entre κατὰ γένος et τὰς διαθήκας ; là la syntaxe
n'est pas fautive, mais elle est compliquée, et le copiste de A n'a
pas eu la patience d'essayer de s'y reconnaître.

1,1 l. 8. ⟨ἡμᾶς⟩ ἐκείνῳ φάσκοντες (Buermannn). La méthode veut
ἐκείνῳ ⟨ἡμᾶς⟩ φάσκοντες ; un ημασκοντες avec φας suscrit a été com-
pris de travers.

1,4 l. 5. Πολυάρχου, τοῦ πατρὸς ⟨τοῦ⟩ Κλεωνύμου, πάππου δ'ἡμετέρου
Dobrée. Il y aurait une bonne explication, saut de τοῦ à τοῦ, puis
oubli de l'*amorce* ; mais la correction de Dobrée est-elle sûre ? Il
a évidemment calqué 1,39 , Πολύαρχος (mss. ναύαρχος) ὁ πατὴρ ὁ
Κλεωνύμου, πάππος δ'ἡμέτερος ; or, autant ὁ Κλεωνύμου est clair, autant
l'est peu son génitif τοῦ Κλεωνύμου, où le premier mouvement est
de voir le génitif de ὁ Κλεώνυμος. Et comme, sans Κλεωνύμου, les
mots τοῦ πατρὸς seraient parfaitement intelligibles (voir le contexte), je croirais que le Κλεωνύμου des mss. est une glose intruse.

1,11 l. 5. ἐγκαλεῖ om. Q. Saut d'un premier ἐγκαλεῖ (l. 3) au second,
puis oubli de l'*amorce*.

1,16 l. 6. καὶ τούτων μοι κάλει ⟨τοὺς⟩ μάρτυρας, conjecture du ms. M.
— 1,32 l. 4 : καὶ ὡς ἀληθῆ λέγω, κάλει ⟨μοι τοὺς⟩ μάρτυρας, conjecture
de Naber. Dans le second passage, c'est je crois à tort que Naber
a voulu restituer μοι ; la présence de la première personne λέγω
rend ce datif inutile. Cf. 3,37 καὶ ὡς ἀληθῆ λέγω, ἀναγίγνωσκε τὴν μαρ-
τυρίαν, sans μοι, tandis qu'on a 2,16 καί μοι τὰς μαρτυρίας ἀνάγνωθι
ταύτας... Il est hasardeux de retoucher des formules d'une façon
toute mécanique. Quant à τοὺς, il paraît plus difficile de s'en
passer. Il y a donc, à brève distance, deux omissions toutes semblables et imputables à un même copiste, et auxquelles l'esprit
voudrait trouver une explication commune ; or, s'il y a explication, elles ne sont pas rigoureusement gratuites. Il est remar-
quable qu'elles se trouvent dans une formule ; cela peut-être
n'est pas fortuit, car on conçoit qu'il existe des *négligences gra-
phiques*, comparables aux *négligences phonétiques* propres aux
expressions machinales, comme *mamzelle* pour *mademoiselle* ou

mnadies pour *bono dies*. Le cas est difficile. Et peut-être la similitude des deux fautes est-elle moindre qu'il ne semble ; car, dans le second exemple, <τοὺς> μάρτυρας devrait être suivi du titre μάρτυρες ; or ce titre manque dans AQ.

1,22 l. 6. Conforme à la méthode est le ἄπε<ρ ἐκέλευσε ἀπε>χθήσεσθαι proposé avec hésitation par Wyse.

1,25 l. 4. ἀνελεῖν μὲν γὰρ... Mὲν om. A, et peut-être le mot n'est-il pas absolument indispensable ; s'il est néanmoins authentique, il a disparu par saut de -ν à -ν.

1,26 l. 8. ἐναντία καὶ τοῖς νόμοις καὶ τῷ δικαίῳ καὶ τῇ τοῦ τετελευτηκότος γνώμῃ. Le premier des trois καὶ manque dans A ; s'il est authentique, comme c'est probable, l'omission est due à un saut de καὶ τ- à καὶ τ- suivi de restitution avec oubli d'*amorce*.

1,27 l. 4. τίνας ἂν ἄλλους ταῦτα ἔχειν ἐβουλήθη ἤ... (Q), locution excellente. A, devant ἤ, insère μᾶλλον ; l'expression devient vicieuse, car ἄλλους est maintenant oiseux. Μᾶλλον n'est donc pas un mot omis, comme l'a jugé M. Roussel. C'est une glose intruse, suggérée par une analyse superficielle du raisonnement[1].

1,33 l. 5. μὲν νῦν. Nῦν om. Q ; saut de -ν à -ν.

1,34 l. 8. le οὐδ<ὲ δ>ιελέγετο de Cobet est conforme à la méthode.

1,37 l. 5. οὐ χρὴ παρ' ἡμ<ῶν μόν>ων, ἀλλὰ καὶ παρ' αὐτῶν τούτων πυνθάνεσθαι... L'addition de μόνων me paraît donner un sens plus exact que la suppression du καὶ (Scheibe).

1,38 l. 4. πρὸς τὸν τετελευτηκότα. Tὸν om. Q ; saut de τ- à τ-.

1,40 l. 7. κυριωτέρους. Κύρια Q ; la mélecture de la cinquième lettre donne à penser que le modèle était peu lisible, et que la forme primitive de l'omission a été celle du *laissé blanc* ; Manuel § 848.

1,45 l. 2. οὐ 'κεῖνος A ; dédoublement de κεκε.

1,46 l. 2. οὐδένα ἄλλον. ·Οὐδέν' ἂν ἄλλον Bekker, correction conforme à la méthode. Il y a eu dédoublement de νανα, puis arrangement de ουδεν en οὐδένα.

1,46 l. 4-6. κυριωτέραν εἶναι... ἐβουλήθημεν <εἶναι>, correction méthodique de Scheibe. Saut d'un νειναι à l'autre (en fin de ligne tous deux ?) puis rétablissement avec oubli d'*amorce*.

1,47 l. 1. ἡμᾶς μὲν ἐν ἀμφοτέροις, ὦ Ἀθηναῖοι, καὶ ἐν τῷ δοῦναι καὶ ἐν τῷ λαβεῖν οἰκείους ὄντας εὑρήσετε ; une glose vicieuse a évincé ici le vocatif usuel ἄνδρες ; Manuel § 1111. Devant le faux Ἀθηναῖοι, Q omet ἐν ἀμφοτέροις ; la quasi-contiguïté des deux fautes est probable-

---

(1) Au § 28 je ne comprends pas pourquoi Bekker a voulu changer οἰκειότερος en οἰκειότατος ; un comparatif qui vise la personne a plus de force qu'un vague superlatif.

ment fortuite. On peut supposer que, ἐν ayant été sauté aprés μὲν, ἀμφοτέροις aura été volontairement éliminé comme inintelligible.

1,47 l. 5. πολλοὺς ἂν καὶ συγγενεῖς καὶ φίλους. Le premier καὶ manque dans A. Saut de καὶ à καὶ, puis restitution avec oubli d'*amorce*.

1,48. Ici commence un résumé de toute l'argumentation ; chose étrange, ce résumé omet ce qui paraît être l'essentiel. Le mourant, ayant jadis déshérité ses neveux, les ayant plus tard recueillis et élevés comme des fils, a essayé de faire venir à son chevet l'astynome dépositaire du testament. Probante ou non, cette donnée est à tout le moins saisissante"; les neveux ont beau jeu à prétendre qu'il voulait annuler l'exhérédation ; par quelle distraction l'orateur peut-il oublier de rappeler ce qu'il avait relevé avec insistance ? — Autre remarque : le § 48 contient un νῦν qui ne peut être pris à la lettre, car il s'agit d'un temps où le défunt vivait encore, et un οὐδεπώποτε où πω n'a pas de sens, faute d'une définition de l'instant visé par ce πω. Par surcroît, ce πω jure avec un ὕστερον que les deux mss. ne donnent pas à la même place. — Troisième remarque, qui a son importance dans cette étude spéciale ; le verbe qui exprime ici le changement de volonté supposé chez le défunt est μετ-εμέλησε ; celui qui devrait rappeler la démarche auprès de l'astynome serait une forme de μεταπέμπεσθαι et commencerait par le même groupe μετ. — Les trois remarques ensemble nous conduisent 1° à restituer devant μετεμέλησε une ligne commençant par μεταπεμπομένῳ, 2° à supprimer le ὕστερον suspect, 3° à supprimer aussi le αὐτῷ, raccord facile après mutilation, qui suit ὕστερον dans A et le précède dans Q ; cet αὐτῷ en effet gênerait la restitution. La phrase est alors la suivante ; il s'agit de ce que les adversaires essaient de persuader aux juges : ὡς ἐκεῖνος διέθετο ταύτας τὰς διαθήκας, καὶ οὐδεπώποτε ⟨μεταπεμπομένῳ τὸν ἀστύνομον⟩ μετεμέλησε, καὶ νῦν ἐβούλετο ἡμᾶς μὲν μηδὲν τῶν αὐτοῦ λαβεῖν, σφίσι δ'αὐτοῖς βεβαιῶσαι τὴν δωρεάν. La correction est ainsi *méthodique*; en même temps elle dispense de songer à l'*améthodique* ⟨ἀλλὰ⟩ καὶ νῦν de Blass. — Dans A, le μὲν de ἡμᾶς μὲν est fourvoyé après καὶ νῦν, c'est qu'il avait été sauté devant le μ de μηδὲν. — La ligne restituée, μεταπεμπομένῳ τὸν ἀστύνομον, a chance d'être littéralement exacte, car, dans un résumé, il convient d'appeler un chat un chat et de ne pas remplacer le mot ἀστύνομος par un vague équivalent comme ἀρχή. Peut-être donc avons-nous ici un étalon de longueur pour les lignes de l'archétype.

1,48 l. 2. ὅσῳ γὰρ ἂν ⟨μᾶλλον⟩ ταῦτα Dobrée, ὅσῳ γὰρ ἂν πλείω Thalheim, conjectures non admises par M. Roussel, et la première *améthodique,* la seconde jetant un vrai défi à tout esprit de méthode.

1,50 l. 1-4. ὥσθ'ὑμεῖς ὅταν μὲν τοῖς τούτων λόγοις... ὅταν δὲ τοῖς ἡμετέ-
ροις. Ὅταν μὲν manque dans Q. Saut suivi d'*oubli d'amorce* ? Dans
ce cas, il faudrait considérer le μὲν de A comme apocryphe ; et
peut-être cela vaut-il mieux pour le sens. Ce passage, en effet,
ne comporte guère un balancement symétrique voulu à l'avance ; ce qui précède immédiatement est une attaque à l'adversaire
(οὐχ ὡς δίκαιόν ἐστι τὸ πρᾶγμα διδάσκουσιν ὑμᾶς) ; il est donc naturel
de tirer de là une conclusion sur la cause adverse. Après coup
seulement l'orateur songe à opposer aux revendications de l'adversaire les revendications de ses clients.

Remarque. — Quand une omission a une grande étendue, elle
a pour conséquence le rétablissement d'un long insérende où
peuvent abonder les fautes les plus diverses, omissions, interversions, etc. (Manuel, §§ 1484 A et suivants). Γένος Ἰσ. l. 27 εὑρήσομεν
τοιαύτην A, ordre inverse Q avec corruption de τοιαύτην en ταύτην. L.28
μὲν om. Q. L'origine de ces perturbations a dû être un saut de -ν
εὑρήσομεν 27 à -ν εὑρήσομεν 29. — Les explications de ce genre sont
relativement assurées dans la poésie, où l'on calcule avec assez
de précision les correspondances verticales qui entraînent le
saut du même au même ; il est clair que dans la prose elles com-
portent plus d'incertitude.

Isée 1, sommaire l. 7. ἐξαίφνης <ἀποθανεῖν>, correction des plus
vraisemblables. Y a-t-il eu saut de ἐπίτρο-πον αὐτῶν l. 6 à πάπ-πον
αὐτῶν l. 8. ?

INTERVERSIONS

A l'étude des omissions doit être jointe celle des interversions
de mots. Presque toujours, en effet, il y a d'abord omission par
saut du même au même ; la restitution de ce qui manque donne
lieu à un fourvoiement.

1,2 l. 6. πολλὴν ἡμῶν ἐρημίαν. Π- ἐρημίαν ἡμῶν Q ; faute primitive, un
saut du ν de πολλὴ-ν à celui de ἡμῶ-ν.

1,8 l. 4. ὑμᾶς μαθεῖν. Ordre inverse Q ; faute primitive υμαθειν.

1,12 l. 4. πραγμάτων ἡμῖν πονηρῶς. Πρ- πονήρως ἡμῖν Q ; faute primitive saut du ν de πραγμάτω-ν à celui de ἡμῖ-ν.

1,13 l. 5. φανερὰν τὴν αὐτοῦ διάνοιαν ἐποίησεν. A a αὐτοῦ τὴν, probablement par la suggestion de θεωρεῖν αὐτοῦ τὴν ἔννοιαν l. 2 ; en ce
cas l'interversion serait directe, mais non pas gratuite.

1,19 l. 7. παράνοιαν αὐτοῦ τὴν μεγίστην οὗτοι κατηγοροῦσι. Q intervertit αὐτοῦ et οὗτοι, évidemment à cause de leur ressemblance graphique et non pas gratuitement. Il a pu d'ailleurs y avoir soit permutation directe dans le souvenir, soit assimilation totale des deux mots, suivie d'un fourvoiement de la rectification.

1,29 l. 4. μηδὲν τῶν αὑτοῦ δοῦναι ἡμῖν (Q). Ἡμῖν δοῦναι A ; faute primitive αυτουναι. C'est, ce me semble, l'ordre de Q qui est le bon, δοῦναι se liant à μηδὲν τῶν αὑτοῦ d'une façon toute naturelle (car l'idée du don implique celle de la possession), tandis que ἡμῖν n'est naturel qu'après δοῦναι. L'antithèse qui forme l'essentiel de ce passage est intéressante pour les nuances. Dans μηδὲν τῶν αὑτοῦ δοῦναι ἡμῖν d'une part, τῶν οὐ προσηκόντων ὡς φασιν ἡμῖν μεταδίδοναι d'autre part, l'aoriste et le présent s'opposent pour marquer l'acte effectif et la concession théorique ; et tandis que dans la première phrase ἡμῖν paraît venir après le verbe, dans l'autre phrase ἡμῖν le précède, appelé qu'il est par οὐ προσηκόντων.

1,34 l. 4. τὰς μὲν διαθήκας Q pour τὰς δ- μέν. C'est l'interversion classique des postposés. Elle est directe.

1,35 l. 1. τίς ἂν ὑμῶν ταύτας εἶναι κυρίας τὰς διαθήκας ψηφίσαιτο. Q a κυρίας εἶναι au lieu de εἶναι κ-, ψ-. τὰς διαθήκας au lieu de τὰς διαθήκας ψ-. Peut-être le modèle de ce ms. avait-il deux lignes terminées par ταύτ-ας et διαθήκ-ας ; en tout cas, le grand nombre des finales -ας semble bien indiquer un rôle joué par le saut du même au même.

1,41 l. 5. οὐχ οἷόν τε τοῦτ' ἔστι πρὸς ὑμᾶς ψεύσασθαι. Q a ἔστι τοῦτο. La forme variable du pronom aurait empêché une interversion directe dans la mémoire. Elle aurait empêché de même le fourvoiement, si le verbe ou le pronom avait été omis, puis rétabli en surcharge. J'incline donc à penser que l'orateur avait fait l'ellipse de ἔστι et écrit simplement τοῦτο ; ἔστι serait une glose suscrite ; l'épel par o a induit un des copistes à préposer la surcharge, la place de celle-ci un peu à droite a conseillé à l'autre copiste de retoucher le pronom.

1,45 l. 1. Φερένικος ἢ τῶν ἀδελφῶν τις. Τις τῶν ἀδ- Q, probablement par interversion directe dans la mémoire.

1,48 l. 2. ᾧ πάντας ὑμᾶς προσέχειν δεῖ τὸν νοῦν. Δεῖ προσέχειν Q : cette interversion aussi me paraît directe.

OMISSIONS GRATUITES

ΓΕΝΟΣ ΙΣΑΙΟΥ l. 31. προκατασκευαῖς A. et Denis. Q omet la syllabe προ-. — IsÉE 1,10. l. 7. τῶν αὐτοῦ om. Q (1). — 1,21. l. 6. ἀεί om. Q. — 1,33 l. 4. ἦν om. Q; la fatigue du copiste semble accusée, dans la même ligne, par la singulière faute ἔχθραν pour οὐσίαν (suggérée par ἔχθρας l. 6). — 1,51 l. 5. ὑμεῖς om. Q.

(1) Même ligne, supprimer le premier καί, addition banale ; κύριον τῶν αὐτοῦ forme seul l'attribut, le sujet étant τὸν ἔχθιστον τῶν οἰκείων ἐπίτροπον.

INDEX DES PASSAGES ÉTUDIÉS

DIJON — DARANTIERE

BIBLIOTHÈQUE DE L'ÉCOLE DES HAUTES ÉTUDES

Section des sciences historiques et philologiques

82. Le roman en prose de Tristan, le roman de Palamède et la compilation de Rusticien de Pise. Analyse critique d'après les manuscrits de Paris, par E. Löseth. 15 fr.
83. Le théâtre indien, par Sylvain Lévi. (Épuisé.)
84. Documents des archives de la Chambre des comptes de Navarre (1196-1384), publiés par Jean-Auguste Brutails. 6 fr.
85. Commentaire sur le Séfer Yesira ou Livre de la création par le Gaon Saadya de Fayyoum, publié et traduit par Mayer Lambert. 10 fr.
86. Étude sur Geoffroi de Vendôme, par L. Compain. 7 fr. 50
87. Annales de l'histoire de France à l'époque carolingienne. Les derniers Carolingiens, Lothaire, Louis V, Charles de Lorraine (954-991), par Ferdinand Lot. 13 fr.
88. La politique extérieure de Louise de Savoie. Relations diplomatiques de la France et de l'Angleterre pendant la captivité de François Ier (1525-1526), par G. Jacqueton. 13 fr. 50
89. Aristote, Constitution d'Athènes. Traduite par B. Haussoullier avec la collaboration de E. Bourguet, Jean Brunhes et L. Eisenmann. 5 fr.
90. Le poème de Gudrun, ses origines, sa formation et son histoire, par Albert Fécamp. (Épuisé.) 8 fr.
91. Pétrarque et l'humanisme, d'après un essai de restitution de sa bibliothèque, par Pierre de Nolhac. Deuxième édition, revue, corrigée et augmentée. 2 volumes avec un portrait inédit de Pétrarque et des fac-similés de ses manuscrits.
92. Études de philologie néo-grecque. Recherches sur le développement historique du grec, publiées par Jean Psichari. 22 fr. 50
93. Les chroniques de Zar'a Yâ 'eqôb et de Ba'eda Mâryâm, rois d'Éthiopie de 1434 à 1478 (Texte éthiopien et traduction), précédées d'une introduction par Jules Perruchon. 13 fr.
94. La prose métrique de Symmaque et les origines métriques du Cursus, par Louis Havet. 4 fr.
95. Les lamentations de Matheolus et le livre de Leësce de Jehan le Fèvre, de Ressons... (poèmes françois du xive siècle). Édition critique accompagnée de l'original latin des *Lamentations* d'après l'unique manuscrit d'Utrecht, d'une introduction, de notes et de deux glossaires, par A.-G. van Hamel. T. Ier. Textes fr. et lat. des Lamentations.
96. Le même ouvrage. T. II. Texte du livre de Leësce ; introduction et notes. 10 fr.
97. Le livre de ce qu'il y a dans l'Hadès, Version abrégée publiée d'après les papyrus de Berlin et de Leyde avec variantes et traduction, et suivie d'un index des mots contenus au papyrus de Berlin n° 3001, par Gustave Jéquier. 10 fr.
98. Les fabliaux. Études de littérature populaire et d'histoire littéraire du moyen âge, par Joseph Bédier. Seconde édition. 12 fr. 50
99. Les annales de l'histoire de France à l'époque carolingienne. Eudes, comte de Paris et roi de France (882-898), par Édouard Favre. 8 fr.
100. L'École pratique des Hautes Études (1869-1893). Documents pour servir à l'histoire de la section des sciences historiques et philologiques. (Sous presse.)
101. Étude sur la vie et le règne de Louis VIII (1187-1226), par Ch. Petit-Dutaillis. 16 fr.
102. Plauti Amphitryo. Edidit L. Havet cum discipulis Belleville, Biais, Fourel, Gobin, Phillipot, Ramain, Rey, Roersch, Segrestaa, Tailliart, Vitry. 5 fr.
103. Saint Césaire, évêque d'Arles (503-543), par A. Malnory. (Épuisé.)
104. Chronique de Galâwdêwos (Claudius), roi d'Éthiopie. Texte éthiopien, traduit, annoté et précédé d'une introduction historique, par William-El. Conzelman. 10 fr.
105. Al Fakhri. Histoire du Khalifat et du Vizirat depuis leurs origines jusqu'à la chute du khalifat abbaside de Bagdâdh (11-656 de l'hégire = 632-1258 de notre ère). Avec des prolégomènes sur les principes du gouvernement, par Ibn-At-Tiktakâ. Nouvelle édition du texte arabe, par Hartwig Derenbourg. (Épuisé.) 7 fr.
106. Jean Balue, Cardinal d'Angers (1421?-1491), par Henri Forgeot. 7 fr.
107. Matériaux pour servir à l'histoire de la déesse buddhique Tarâ, par Godefroy de Blonay. 2 fr. 50
108. Essai sur l'histoire de l'Augustalité dans l'empire romain, par Félix Mourlot. Avec 2 cartes. 5 fr.
109. Tite-Live. Étude et collation du ms. 5726 de la Bibliothèque Nationale, par Jean Dianu. 2 fr. 75
110. Philippe de Mézières (1327-1406) et la croisade du xive siècle, par N. Jorga 18 fr.
111. Les lapidaires indiens, par Louis Finot. 10 fr.
112. Chronique de Denys de Tell-Mahré (4e partie). Texte syriaque, avec une traduction française, une introduction et des notes, par J.-B. Chabot. 15 fr.
113. Études d'archéologie orientale, par Ch. Clermont-Ganneau, tome II, in-4°. 25 fr.
114. Étude sur le grec du Nouveau Testament comparé avec celui des Septante. Sujet, complément et attribut, par l'abbé Joseph Viteau. 24 fr.
115. Recherches sur l'emploi du génitif-accusatif en vieux-slave, par A. Meillet. 6 fr.
116. L'Alsace au xviie siècle, par Rodolphe Reuss. Tome Ier. 18 fr.
117. La religion védique, d'après les hymnes du Rig-Véda, par E. Bergaigne. Tome IV : Index par M. Bloomfield. 6 fr.
118. Étude sur l'alliance de la France et de la Castille au xive et au xve siècle, par Georges Daumet. 6 fr.
119. Études critiques sur les sources de l'histoire carolingienne. Ire partie. Introduction. Les Annales carolingiennes. Premier livre : Des origines à 829, par Gabriel Monod. 6 fr.
120. L'Alsace au xviie siècle, par Rodolphe Reuss. T. II. 20 fr.
121. Le livre de l'ascension de l'esprit sur la forme du ciel et de la terre. Cours d'astronomie, rédigé en 1279, par Grégoire Aboulfarag, dit Bar-Hebræus, publié pour la première fois d'après les manuscrits de Paris, d'Oxford et de Cambridge, par F. Nau, Ire partie (texte syriaque) ; 2e partie (traduction française). 21 fr.
122. Introduction à la chronologie du latin vulgaire, par George Mohl. 10 fr.
123. Essai de dialectologie normande, la palatalisation des groupes initiaux, gl, kl, fl, pl, bl, étudiée dans les parlers de 300 communes du département du Calvados, par Ch. Guerlin de Guer, avec tableaux et 8 cartes. 10 fr.
124. Annales de l'histoire de France à l'époque carolingienne. Charles le Simple, par Auguste Eckel. 5 fr.
125. Étude sur le traité de Paris de 1259 entre Louis IX, roi de France, et Henri III, roi d'Angleterre, par M. Gavrilovitch. 5 fr.
126. Études linguistiques sur la Basse-Auvergne. Morphologie du patois de Vinzelles, par Albert Dauzat. Avec 1 carte. 10 fr.
127. Annales de l'histoire de France à l'époque carolingienne. Le règne de Louis IV d'Outre-Mer, par Philippe Lauer. 12 fr.
128. Diwân de Tarafa Ibn-a-'Abd-al-Bakri, accompagné du Commentaire de Yoùsouf-al-A'lam de Santa-Maria, d'après les manuscrits de Paris et de Londres. Suivi d'un appendice renfermant de nombreuses poésies inédites tirées des manuscrits d'Alger, de Berlin, de Londres et de Vienne, publié, traduit et annoté par M. Seligsohn. 16 fr.

Librairie Ancienne Honoré CHAMPION, 5, quai Malaquais, Paris.

www.ingramcontent.com/pod-product-compliance
Ingram Content Group UK Ltd.
Pitfield, Milton Keynes, MK11 3LW, UK
UKHW020034100726
13658UKWH00003B/1313